管治香港
英國解密檔案的啟示

U0134652

管治香港

英國解密檔案的啟示

李彭廣

OXFORD
UNIVERSITY PRESS

OXFORD
UNIVERSITY PRESS

Oxford University Press is a department of the University of Oxford.
It furthers the University's objective of excellence in research, scholarship,
and education by publishing worldwide. Oxford is a registered trade mark of
Oxford University Press in the UK and in certain other countries

Published in Hong Kong by
Oxford University Press (China) Limited
39th Floor, One Kowloon, 1 Wang Yuen Street, Kowloon Bay,
Hong Kong

© Oxford University Press (China) Limited
The moral rights of the author have been asserted
First Edition published in 2012

ISBN: 978-0-19-397855-3

7 9 10 8 6

管治香港
英國解密檔案的啟示

李彭廣

目　錄

謹以此書獻給家父和先母
感謝他們在香港戰後的艱苦和困頓歲月中，
仍奮力養育眾多兒女，在平凡處顯出不平凡

前　言

　　有關英治香港的管治系統設計和運作的研究不多，這本書可說提供了一些入門的資料和觀點，以供關心香港發展的朋友參考。本書是由兩個部分組成：緒論部分是作者嘗試提供一些了解英治香港管治系統的觀點；餘下的章節則是根據英國解密檔案中與香港管治有關的文件譯寫而成。

　　檔案文件是有其權威性和可信性的，因為檔案文件是記錄了決策者對某個問題或某項政策的思維和考慮要素，乃至決定和事後的評估。而閱讀檔案文件，可令讀者知曉事情或政策的來龍去脈，也可給予讀者機會認識決策者的識見和智慧。惟檔案文件事涉機密，往往是經過考慮和挑選後，才保留下來和予以解密，而那些沒有保留下來或不被解密的文件有可能是全面了解有關事情或決策的關鍵鑰匙。這點不可不察。

　　香港在回歸以來飽受管治問題的困擾和煎熬，猜想此刻港人望治至殷，此一期盼可說是香港社會少有的最大共識。然而香港社會對於如何走向善治則眾說紛紜，莫衷一是。在過去數年，每與朋友談及寫作本書的構思和分享部分英國解密檔案文件的內容時，都獲得很大的回響和鼓勵。由於我們對香港管治所知的顯然遠遠比不知的為少，期望本書的出版，能夠填補這部分知識和認識的不足，亦希望能引發更多朋友關心和思考香港管治的問題。

本書得以出版，首先要感謝嶺南大學公共管治研究部在研究經費上的支持，使作者有機會閱覽英國的解密檔案文件，也要感謝協助作者在英國國家檔案館和香港大學圖書館複印有關檔案文件的研究助理們。還要感謝吳桂華、潘永忠、莫遜曦和羅沛然的幫忙和意見，以及牛津大學出版社林道群先生和他的同事的編輯和製作意見。當然，本書的錯誤和不足之處，只是作者的責任而已。

這麼多年來，家父和先母的訓誨和教導，以及家人的勉勵和愛護，倒是作者努力不懈的泉源，在此也一併表示感激和謝意。

緒論 ： 英治香港的啟示

回歸前被讚譽的公務員隊伍，為何回歸後不久便被認為表現差強人意呢？一直在英治期間被視為治港骨幹的政務官員，為何回歸後的執政表現未如理想呢？中國領導人不是要求香港特區政府「查找不足」和「提升管治水平」嗎？那麼香港特區政府和社會是否已認知香港管治發生了甚麼問題？英治香港的管治精髓是否有任何借鑒之處？對於以上一連串的問題，想必在過去一段不短的時間內，都曾徘徊在關心香港發展的朋友腦中。

本文並非要全面解答上述問題，但只是想藉着英國的解密檔案文件，來探討英治香港管治系統的組成和運作情況中較少被論者提到的一些資料和觀點，為認識香港目下管治問題的根源，提供一些思考線索。本文餘下部分由以下各部分組成：

1. 管治首重人員質素，管治是講求團隊。這裏談兩個重點：
   - 英國管治殖民地官員的選任；和
   - 英治香港的核心管治團隊的組成。
2. 殖民地的管治團隊不能單靠自己便可以進行有效管治，還需要協助殖民地具體管治的支援系統的配合。這裏談幾個支援系統：

- 政策參考和建議；

- 情報收集和分析；和

- 政策知識的創造和應用。

3. 殖民地管治因體制使然，其管治認受性低，需要有策略來維持最大可能的社會默許或支持。這裏談兩個重點：

- 吸納被治精英的必要；和

- 對總督言行的規範和廉潔的要求。

4. 港督在實際管治中扮演關鍵角色，但亦會受制於英國政策或殖民地的條件。這裏談幾個重點：

- 港督麥理浩的治港戰略；

- 港督麥理浩的治港團隊；

- 港府財經官員的不足和局限；

- 港督權力的脆弱性；和

- 港督與英國政府的矛盾。

管治官員的選任

英國管治殖民地的官員是在英國本土招聘，並由殖民地部 (Colonial Office)負責培訓和調派至不同殖民地任職；這支管治殖民地的英國官員隊伍，並不屬於「英國本土公務員隊伍」 (Her Majesty's Home Civil Service)，也不屬於在殖民地當地的公務員隊伍，而是屬於自成系統的「英國殖民地公務員隊伍」 (Her Majesty's Colonial Service，1954年之後稱為「英國海外公務員隊伍」(Her Majesty's Overseas Civil Service)。在這支英國殖民地公務員隊伍之內，再分成二、三十個職系；不管是政務

職系或其他專業職系的官員，都是構成管治殖民地的主要成員。在1954年高峰期，英國殖民地公務員隊伍總共約有18,000名，其中約有2,360名是屬於政務職系。[1] 在同一時期，香港總共有47名政務官，當中只有一名是華裔政務官。

值得一提的是，要有效管治一個地方，必須了解當地的文化特質和社會矛盾，如果能掌握當地的語言，那就更無往而不利。政府官員，尤其是具政策決定權的高層官員，如果不認識其所管治的社會，那麼上至規劃整體的未來發展，下至解決具體的社會問題，都沒有一個堅實基礎。善治要有基本認識和準確判斷為本，而對社會認識的其中一個前提就是要掌握當地的語言，這對由殖民地宗主國派駐在海外殖民地的官員尤為重要。如不知民，何來善治？因此，剛入職的英籍政務官在派往香港之前已經被要求學習廣東話，並經考試合格，才獲正式聘用。[2]

殖民地總督、輔政司(Colonial Secretary)和主要高層官員，大都是來自英國殖民地公務員隊伍的政務職系。當然，各殖民地有不同的情況，委任不是英國殖民地公務員隊伍出身的人士出任總督的例子不少，例如在香港便有外交系統出身的麥理浩(Murray MacLehose)和政界出身的彭定康(Christopher Patten)，但仍以英國殖民地公務員隊伍出身的政務官員為主。殖民地部把那些年齡在55歲以下而又適合任命為殖民地總督的政務職系官員，列入一份名為「甲名單」(List A)之內，如遇上總督職位出缺的話，便在這份名單中選擇繼任人選。

---

1   見Anthony Kirk-Greene, *On Crown Service: A History of HM Colonial and Overseas Civil Services, 1837–1997* (London & New York: I.B. Tauris, 1999), p. 51.

2   詳情可參看本書第 12 章。

而較為年青的政務職系官員，在累積一定殖民地工作的經驗後，如果表現優秀和被認為是適合擔任輔政司的話，就會被殖民地部列入一份名為「乙名單」(List B)之內，以供有出缺時考慮繼任人選之用；而輔政司任內的表現，將會決定有關官員是否會被提拔至「甲名單」。一般來說，在有關職位出缺之前6個月，由殖民地部一個小型委員會，負責在有關的名單中，挑選若干名候選人，並由殖民地部人事科對各候選人作出評估後，交常任次長作出向殖民地大臣推薦那名候選人的決定，有時首相會有自己屬意的人選，最後有關人選經英女皇批准後正式任命。[3]

但自從殖民地部在1966年併入聯邦部(Commonwealth Office)，以及自1968年外交部與聯邦部合併而成為外交及聯邦事務部(Foreign and Commonwealth Office)後，有關殖民地總督和輔政司等高層官員的任命，都是由「非自治領土高層官員任命委員會」(Dependent Territories Senior Appointment Board)首先作討論，然後向外交及聯邦事務大臣提出建議或推薦；在外交及聯邦事務大臣批准後，並取得首相的同意和英女皇批准後，人選便告確定。[4]

由於這些殖民地高層官員的職責，並不是以執行政策為主，而是實際負起管治殖民地的工作。因此，在任命時，對於候選人的政治智慧和能力都是重點的要求。這可從1979年招募福克蘭群島、伯利茲和蒙塞拉特島的總督時所訂下的要求便可見一斑。值得一提的是，香港政府曾推

3　見Anthony Kirk-Greene, *On Crown Service: A History of HM Colonial and Overseas Civil Services, 1837–1997* (London & New York: I.B. Tauris, 1999), pp. 101–102.

4　詳情可參看本書第3章。

薦5名英籍政務官申請這三個總督的職位，但不成功。[5]

由於英國自1950年代中期積極採取非殖民化政策，不少殖民地陸續獨立，餘下的殖民地數量日漸減少，跟隨轉變的是英國海外公務員編制的收縮。因此，對於英國的年青人來說，到殖民地任職已經沒有太大的吸引力了。但由於殖民地政府的高層官員仍然要由英國官員擔任，因此除了在當時的英國海外公務員隊伍內部作出調配外，聘用前殖民地官員和借調英國政府官員便成為補充的途徑。

香港政府在1970年代初期，在英國本土招聘警務督察的工作不理想，因此港督戴麟趾(David Trench)擬在南非和羅得西亞的報章上刊登招聘警務督察的廣告，並為此向外交及聯邦事務部諮詢意見。當時戴麟趾並未意識到這會涉及種族隔離政策和羅得西亞單方面宣佈獨立的問題，然而這些問題就引發外交及聯邦事務部內的爭議。最後，外交及聯邦事務大臣表示不反對在南非刊登招聘廣告，以及必須註明持有英國護照是聘任的一個條件，但就反對聘用服務於背叛英國的南羅得西亞政權的警官，以及在羅得西亞刊登招聘廣告。[6]

核心管治團隊

一般而言，政府是由(1)負責決定大政方針的管治團隊；和(2)負責執行政策決定和法律的行政團隊(即公務員團隊)所組成。管治團隊的成員通常是由選舉和政治任命的方式產生，是否繼續在位，得視乎選民或任命者的政治決定；而行政團

5　詳情可參看本書第3章。

6　詳情可參看本書第13章。

隊的成員則是經由考試或獲取專業資格的方式而錄用，升遷與否皆以上級官員的評核作主。由於英治香港的政治體制是屬於殖民地制度，因此管治香港的團隊是由英國政府委派的英國官員所組成，而行政團隊中的重要職位和高層官員亦是由英國官員所擔任，較基層和事務性的官員則會在香港本地招聘。雖然本地化政策聲稱在二次大戰後開始執行，但位居管治要津的職位和職系要到1970年代才陸續實現。縱使在香港招聘的華裔官員陸續增加，並晉升至首長級官員和部門主管的位置，但政治現實是英治香港的核心管治團隊始終是英國官員的天下。

這可從1974年當時的輔政司(Colonial Secretary)羅弼時(D. T. E. Roberts)一封回覆英國外交及聯邦事務部就香港華裔高官保安問題的函件便可得到引證。[7] 該函件的重點在於詳列當時核心管治團隊的具體組成，並指出香港政府已經把那些關鍵職位劃分為兩類，但都是必須或應該由英國官員擔任。屬於必須由英國官員擔任的甲類職位有：總督、輔政司、保安司、警務處長、政治部處長和部分政治部官員；而屬於應該由英國官員擔任的乙類職位，則再細分為二：屬於乙類第一部分的職位有財政司、副警務處長和副保安司(行動)，擔任以上職位的官員是有機會署任甲類的職位；屬於乙類第二部分的職位有律政司、法律政策專員、銓敍司和政府保安主任，由於恐怕本地官員受到社會壓力而影響他們的可靠性，因此應當由英國官員擔任這些職位。

7　見 D. T. E. Roberts' letter to A. C. Stuart, 17 August 1974, Document no. 16, FCO 40/493. 詳情可參看本書第 1 章。輔政司在 1976 年改稱為布政司 (Chief Secretary)。

　　換言之，這個核心團隊是由總督所領導，輔政司、保安司及由其領導的保安團隊構成第一層內核，而財政司和個別重要的保安部門副手就構成第二層內核，而第三層內核則由以掌管法律的律政司和法律政策專員，以及掌管人事的銓敘司為主。

　　值得注意的是，華裔官員只在香港回歸前數年才陸續獲晉升至這些屬於管治核心的職位，這包括：警務處長李君夏(1989年12月)、公務員事務司(前身稱銓敘司)陳方安生(1993年4月)、布政司陳方安生(1993年11月)、法律政策專員馮華健(1994年10月)、保安司黎慶寧(1995年2月)、財政司曾蔭權(1995年9月)；而政治部處長和律政司則仍然由英國官員擔任，前者直至政治部在1995年解散為止，而後者則直至1997年香港回歸前夕。

　　由於擔任港督和高層官員主要是來自殖民地系統的官員，對於殖民地的內部管治頗有經驗，但對於外交和國際環境的掌握，始終不是本業。再者，香港在二次大戰之後，先後面對一個較為統一和正在冒升的國民政府，以及中國共產黨在內戰中將會贏得政權的事實，如何處理與中國的關係，便成為港督和香港政府必然要處理的問題。因此，政治顧問一職便在1947年設立，負責與英國駐中國的大使館和領事館聯絡工作，以及作為港督的中國事務和政策的顧問。在設立的初期，政治顧問究竟是由來自英國外交部官員或是由擁有中國事務經驗的香港政府官員擔任，曾有所爭論；當時的港督葛量洪(Alexander Grantham)是主張在首任政治顧問之後，便由香港政府官員擔任，但其後並沒有付之實行。這個爭論其實反映港督視政治顧問的責任是以服務香港政府為優先，但英國

外交部則從香港的國際地位和情報收集的角色來看待政治顧問的職責。[8]

政策參考和建議

除了殖民地的管治團隊是由英國官員所組成外，在殖民地所建立的典章制度和運作邏輯都是以英國的系統和經驗作為藍本，經過適量的調整便施行於殖民地。因此，殖民地政府更可借鑒英國的管治經驗，作為參考。具體言之，如果派駐殖民地的英國官員在管治或決策時遇上問題，便可尋求英國政府給予政策意見和建議；又或是透過殖民地部/外交及聯邦事務部官員在巡視時或其後所作的報告，與殖民地官員就管治方針和迫切問題作出溝通，並給予方向性的提示或建議。再者，通過這些頻繁的溝通和交流，負責香港事務的英國官員亦可掌握殖民地的最新狀況，並奠下制定殖民地管治方針的基礎。

港督戴麟趾在1964年處理香港電話有限公司(Hong Kong Telephone Company Limited)增加電話費時，曾主動尋求英國政府的意見和建議，以處理立法局委任議員可能出現利益衝突的問題。由於電話費的增加是需要修改有關法例，但礙於當時有數名立法局委任議員是電話公司的董事或持有電話公司的股份，如果讓這些議員參加有關議案的辯論和表決，便可能被質疑存在利益衝突。戴麟趾在諮詢律政司意見後，仍感到不穩妥，便尋求殖民地部的協助，看看英國議會是如何處理這類問題的。殖民地部在收到戴麟趾的電報後數天，才向

8　詳情可參看本書第 14 章。

英國下議院轉達港督的查詢；而下議院有關秘書在接信翌日便回覆殖民地部，並提出詳細建議，供港督參考。這裏有一點值得注意，就是該名下議院秘書批評港督是以立法局主席的身份來處理這件事情，但為何會向屬於行政機關的律政司尋求意見呢？因應該名下議院秘書的要求，殖民地部並沒有轉達這個批評給港督；而殖民地部其後在回覆該名下議院秘書時，便為港督說好話，認為可能是立法局的秘書向律政司尋求意見，而不是港督。[9]

除了港督主動尋求英國政府的意見外，英國政府官員(主要是殖民地部/外交及聯邦事務部官員)和英國國會議員的訪港活動及其撰寫的報告，都為港督和治港團隊提供了管治的方向性和原則性的意見或提示。就以英國殖民地部政務次官(Parliamentary Under-Secretary of State for the Colonies)懷特夫人(Mrs Eirene White)在1966年訪問香港後所提交的書面報告為例來說明。[10] 在該書面報告中，她列舉了對香港發展的意見：指出排斥中文的負面社會效果和鼓勵政府部門以中文回覆市民的查詢；不滿政府高層職位都是由英籍官員所擔任；不會考慮在香港推行西敏寺式民主政治；批評香港沒有代表工人階級的制度；認識到香港公眾要求在本地事務有較大的參與；鼓勵基層和精英階層發展「諮詢式民主政治」；建議給予地方政府(市政局)的發展空間(如：議員親身聽取市民投訴、擴大選舉權、擴張職權和給予正式的預算)；抗拒立法局引入選舉；認為立法局將來可有間接選舉(透過地方議會的代

9　詳情可參看本書第 21 章。

10　"Visit of Parliamentary Under-Secretary of State to Hong Kong 4th – 11th January 1966", Document no. 6, CO 1030/1784.

表)；以及強烈要求未來要委任一名非商業精英的行政局非官守議員。[11]

　　不知是否與這份書面報告有關或是否受到其影響，香港政府自1970年代初以來的一些舉措，便與該書面報告的建議相一致：1971年成立「公事上使用中文問題研究委員會」和1974年《法定語文條例》規定中文為法定語文；1971年發表的《市政局將來之組織、工作及財政白皮書》決定由1973年起改組市政局，取消官守議員、擴大選舉權、容許議員互選主席、享有財政自主、推行會見市民計劃；1985年分別設立由市政局、區域市政局和區議會議員互選產生的立法局議員等。

　　除了提供政策建議和管治意見外，負責香港事務的英國官員亦可透過與香港管治團隊的恆常溝通，掌握香港的具體情況，為制定治港的方針奠下基礎。這點可從主管香港事務的外交及聯邦事務部官員在1980年初訪港後所提交的報告得到啟示。[12] 該報告記錄了該名官員與香港政府高層官員(如布政司、銓敍司、行政署長和律政司)就以下問題所作的討論：科級和署級部門的分工和監督問題；不合標準的人事管理問題；公務員的置業問題；公務員過度膨脹的問題；中層公務員的人手不足問題；英國和香港公務員的交換計劃；以及政府律師的流失問題。

情報收集和分析

　　不管具體的情報收集工作是由甚麼官員和組織所負責，英

11　詳情可參看本書第 22 章。
12　詳情可參看本書第 23 章。

國在管治殖民地時，亦發展出一套嚴密的情報收集和分析系統。具體而言，這個情報系統是由三個層次的組織所構成：設在殖民地的情報組織(如政治部)和本地情報委員會(Local Intelligence Committee)、設在區域的聯合情報委員會(Joint Intelligence Committee)和設在倫敦的聯合情報委員會。總督要向殖民地大臣提交定期的情報報告，以評估經由在地各情報組織所提供的情報，以及提出對未來發展趨勢的結論。除此之外，主要由在地負責情報工作的高層官員和英國有關情報機構的代表組成的本地情報委員會，必須定期提交報告；而委員會主席是總督的情報消息的主要來源，亦參與在倫敦的聯合情報委員會、殖民地部和英國安全組織總部的相關情報工作會議。此外，本地情報委員會亦需要與區域的聯合情報委員會，以及區域內其他殖民地的本地情報委員會保持緊密的聯繫。由英國「軍情五處」(Military Intelligence, Section 5, MI5)派駐殖民地的情報聯絡官，主要扮演顧問的角色，並作為與英國整個情報資訊網絡的聯繫人。而在倫敦的殖民地部/外交及聯邦事務部和「軍情五處」亦維持非常緊密的聯繫。

　　根據港督葛量洪在1956年就香港情報系統運作情況作報告時指出，他每週會召開保安會議，聽取輔政司、華民政務司、警務處長、勞工處長、教育署長、防衛司(Defence Secretary)、政治顧問和公共關係主任(Public Relations Officer)的報告；在有需要時，更會個別面見。而香港的本地情報委員會則由輔政司主持，成員包括：警務處長、政治顧問，以及各情報機構代表；政治顧問兼任本地情報委員會的秘書，並是貯藏和處理日常情報的主責官員，以及情報機構和政府部

門的聯繫樞紐。[13] 據另一份文件顯示，在1980年時兼任本地情報委員會秘書的是保安司。[14]

值得注意的是，葛量洪先後拒絕殖民地大臣建議借調政務官或其他部門官員至政治部任職，以及委任政治部處長為本地情報委員會的正式成員。葛量洪這個態度反映了他重視不同政府部門擁有部門獨特的觀點，避免整個香港政府高層官員被政治部慣常思維方式所統一，以及透過警務處長來節制政治部處長的影響力。[15]

政策知識的創造和應用

政策研究是應用知識來解決社會具體問題之理性活動，而對某些問題進行研究就得首先認知問題的存在，否則研究便無從開始。鼓勵對某些問題進行研究是有其社會迫切性和實用價值的考慮。對於英國政府而言，在開發殖民地的經濟潛能，以及管治與英國文化差異那麼大的眾多殖民地的壓力下，對殖民地的各方面認識和研究便有了實用的價值。在「知識是任何穩當發展的唯一堅實基礎」(Knowledge is the only sure basis for any sound development)的認知下，英國政府對殖民地的研究便慢慢建立起來。[16] 由於英國擁有一定數量的殖民地，為了有效運用資源和發揮規模效應，英國政府對殖民地研究的機構主要是設立在英國本土，有需要時會與殖民地

13　詳情可參看本書第 15 章。

14　詳情可參看本書第 23 章。

15　詳情可參看本書第 15 章。

16　Information Department of Colonial Office, "Notes on Colonial Research", p. 13, January 1951, Document no. 3, CO 927/116/2.

的大學合作，進行個別研究項目。因此，殖民地政府就沒有
設立有規模的政府研究機構的需要。這些對殖民地研究所得
的資料和知識，既可為英國社會的公眾討論提供養份，從而
奠定創造共識的有利基礎，也可支援英國政府有關部門和在
地的殖民地管治團隊的決策和施政工作。

英國殖民地部一直都有從事殖民地的研究工作，但如果以
規模來看，應以二次大戰後的最具規模。從研究經費來看，
在1946–1956年這十年間，研究經費預算為1,300萬英鎊，而實
際的研究開支則約是1,036萬英鎊。[17] 除了為數不少的研究經
費外，殖民地部在1945年更設立由一名助理常務次官負責的
研究部，負責推動殖民地研究工作。由於當時英國學界和研
究機構對殖民地研究不感興趣，為了吸引科研人才加入研究
殖民地的行列，除了給予合適的科研人員彈性的聘用和服務
條件外，更在1949年成立一支專為殖民地研究服務的殖民地
研究職系公務員(Colonial Research Service)。在1955年初，受聘
從事殖民地研究的研究人員多達452名。[18] 此外，亦設立殖民
地研究員(Colonial Research Fellowships)和研究獎學金，以鼓勵
參加殖民地發展的研究和問題的探討，以及充實殖民地研究
的人才庫。[19]

再者，為借助擁有特定知識和經驗的學者和專家，以協助
審批和評價對殖民地研究的計劃，或是聽取對殖民地發展和

17　Information Department of Colonial Office, "Notes on Colonial Research", pp. 4
　　&7, January 1951, Document no. 3, CO 927/116/2.

18　"Colonial Research Appointments", 26 January 1955, Document no. 10, CO
　　927/578.

19　Information Department of Colonial Office, "Notes on Colonial Research", p. 9,
　　January 1951, Document no. 3, CO 927/116/2.

管治的意見，殖民地部組成若干個專業諮詢委員會。在1955年時，這樣的專業諮詢委員會便有26個，涵蓋的範圍很廣。此外，殖民地部更聘用全職顧問和專家職員，以提供專業和政策意見，作為殖民地大臣和有關官員決策之參考。在1955年時，這些全職顧問和專家職員有42名。[20] 一般來說，殖民地部官員在給予殖民地政府政策建議或指示前，會徵求相關的全職顧問或專家職員的意見，才作出決定。

從英國政府投入可觀的研究經費、殖民地部設立研究處和專業諮詢委員會、殖民地公務員系統創設研究人員職系、乃至殖民地部聘用一定數量的全職顧問和專家職員，就這樣子便成就了為支援殖民地管治而建立的政策知識創造和應用系統。[21]

除殖民地部外，外交及聯邦事務部亦設有研究處，負責提供與當時政治問題有關的資料和個案的分析，以及研究所遇到的問題及其對目前政策的影響，以協助負責規劃參謀的同事進行政策規劃和建議的工作。研究處在1979年時，擁有91名編制人員(包括支援職員)；[22] 而研究員編制有46個，在1979年時實際有39名。[23] 根據1979年4月的一份資料顯示，研究處正在擬備的研究文件中，有關亞洲地區的就有17份，其中10份是與中國有關的。[24]

20　見 Colonial Office, *The Colonial Office List 1955* (London: Her Majesty's Stationery Office, 1955), pp. 7–8.

21　詳情可參看本書第 16 章。

22　Research Department, "Research in the Foreign and Commonwealth Office", p. 3, December 1979, Document no. 15, FCO 51/446.

23　Research Department, "Summary of Activities September 1978–79", pp. 2–3, 9 October 1979, Document no. 12, FCO 51/446.

24　"Research Department Programme", Attachment, p. 3, 23 April 1979, Document no. 4, FCO 51/446.

此外，隸屬於英國內閣辦公室(Cabinet Office)並負責評估和監督情報工作的聯合情報委員會(Joint Intelligence Committee)亦有從事研究工作。[25] 該委員會在1978年完成了10份研究報告，當中有一份名為《中國對香港的威脅》(*The Threat from China to Hong Kong*)，但在有關檔案中找不到這份報告。[26]

對總督言行的規範和廉潔的要求

香港總督(港督)既是英女皇的代表，也是香港殖民地政府的首長，負起具體管治的責任。港督的角色和權責，分別在《英皇制誥》(*Letters Patent*)、《皇室訓令》(*Royal Instructions*)和《殖民地條例》(*Colonial Regulations*)等文件中有所確定。為便於獲委為總督的人士掌握要注意的事項和有關規定，殖民地部曾在1959年發出一份名為「給獲委擔任總督人士的指引備忘錄」(Notes for the Guidance of Persons Appointed as Governors)。該備忘錄特別指出，在任的總督是不能擔任任何公司的董事，除非得到國務大臣批准，退休的總督亦不能在曾派駐屬土擔任任何公司的董事或類似職位；總督亦不能在派駐的殖民地擁有任何投資或公司股權，以及任何其他直接或間接利益；總督及其家人禁止接受貴重禮物；除了官方保密法有關規定外，退休總督出版涉及任內情況的書籍是沒有限制的，但如涉及退休前不久的政策問題就會被視為不恰當；總

25　P. M. Maxey's letter to K. W. B. Gooderham, 19 March 1979, Document no. 3, FCO 51/446.

26　詳情可參看本書第17章。

督在英國休假時，在接受媒體訪問前，必須諮詢國務大臣，如果是在駐地被要求訪問，總督可酌情接受，但要注意這些節目是否涉及在英國本土有政治爭議的話題；總督的工作人員通常由公務員擔任，否則容易被反對，而在沒有事先諮詢國務大臣之前，總督不得任命非公務員人士擔任這些職位。當然，如果總督對上述規定有任何疑問的話，就需要尋求國務大臣的意見。[27]

對於如何處理獲贈的禮物，尤其是離任時的歡送禮物，港督戴麟趾在1971年離任時的個案可作參考。戴麟趾在榮休前收到頗多禮物，由於要按規定申報，因此便致函外交及聯邦事務部尋求意見和批准。在這些禮物中，具爭議的包括：香港歡送活動和華人晚宴的主辦者聯合贈送給戴麟趾的一對約10吋乘8吋的碧玉屏風；保良局贈送給戴麟趾夫人的胸針；以及新界鄉事領袖趙聿修贈送給戴麟趾女兒的一對「翡翠」馬。戴麟趾認為，拒絕接受這些禮物是對贈送者的極大冒犯和不給面子的做法，問題是在接受後如何處理這些貴重禮物而已。

經考慮後，外交及聯邦事務部有關部門建議讓戴麟趾保留所有獲贈禮物(包括那對碧玉屏風)，以及戴麟趾夫人獲准保留獲贈的胸針；並同意戴麟趾的建議，把其女兒獲贈的一對翡翠馬留置在香港督憲府。但當時任職外交及聯邦事務部人事科而在10年後成為港督的尤德(Edward Youde)，則建議把碧玉屏風也留在督憲府，又或是借給英國的政府大樓擺放最少數年。由於無法達成共識，事情還得提請外交及聯邦事務部常務次官(Permanent Under-Secretary of State)作出定奪。最後，外

27　詳情可參看本書第 5 章。

交及聯邦事務大臣向港督發出電報，批准戴麟趾及其家人保留獲贈的碧玉屏風、胸針和翡翠馬。[28] 不管結果為何，值得注意的是港督及其家人是禁止接受貴重禮物的，如果是特別情況(如離任禮物)，港督要向上級官員(殖民地大臣/外交及聯邦事務大臣)申報，在獲得批准後才可接受。

吸納精英的必要

殖民地政府是外來政權，管治團隊和政府高層人員都是由英國官員包辦，先天缺乏當地人民的認受，因此殖民地管治是帶有政治原罪的。就是因為有這個政治原罪，英國政府是深知殖民管治的脆弱性，因此在不改變英國主政的格局下，增加被治精英的參與和認同便是穩定政權的工作重點之一。吸納在地的社會和經濟精英，擔任殖民地政治建制的職位，從而為殖民管治和政府施政取得有限但必須的制度性支持；而被吸納的精英，則被視為「社會代表」。當然，如果殖民地政府的施政結果能為當地社會帶來顯著的生活改善，那也可為殖民地政府增加社會支持，這種支持在麥理浩治港的1970年代最為明顯。

殖民地政府吸納精英的方法主要是透過委任制度來完成，其中委任行政局和立法局非官守議員是最為重要。要讓委任制度能夠發揮吸納精英的功能，既要有觀察和選拔精英的平台，也要看負責推薦人選的總督或有關官員是否知人善任。能夠提拔有能力和有道德操守的人，殖民地政府便可增加其

28　詳情可參看本書第 6 章。

社會支持,反之則會變成殖民地政府的負資產。[29] 戴麟趾在1968年決定不續任李福樹為行政局非官守議員和建議他同時辭任立法局非官守議員的職位,以及不推薦胡百全繼任李福樹在行政局的職位的有關文件中,便提及他兩人的私生活不檢點(rather disorderly private life)。[30] 此外,香港政府在物色吸納對象時,亦有不順利的例子。在1978年時,港督麥理浩曾推薦香港中文大學學者金耀基擔任立法局非官守議員,並獲批准;但金耀基最終婉拒。[31]

除了個人的條件之外,社會階層的代表性亦是重點考慮。如果整個行政局和立法局的非官守議員都是來自大商家或世家望族,那麼其「社會代表性」便有所局限。由於戰後香港經濟蓬勃發展,社會利益亦日趨多元化,如果不與社會發展同步,把吸納的對象擴及新興社會階層或利益群體,那麼便會失去為殖民地政府增加社會支持的功能。再者,從平衡不同觀點和擴闊政府的社會支持基礎的角度來看,任命一些持有獨立思考和觀點的人士亦不是件壞事。其實,英國政府官員在1960年代已有這方面的要求,但戴麟趾不表認同和採取拖延策略,事情在麥理浩繼任後才呈現轉機。[32]

除了委任制度之外,授勳制度亦是吸納社會精英為政府服務的其中一個工具。冊封爵位和頒授勳章既是向政府施政和

29　詳情可參看本書第 24 章。

30　Trench's letter to Arthur Galsworthy, 22 April 1968, Document no. 51, FCO 40/36.

31　Owen's telegram to Governor, 25 August 1978, Document no. 74, FCO 40/936; and MacLehose's telegram to McLaren, 26 August 1978, Document no. 75, FCO 40/936.

32　詳情可參看本書第 24 章。

社會服務有貢獻的人士表達感謝，也是維持政府威望和支持的重要工具。雖然港督手握初步推薦之權，但奈何名額有限而需求甚殷，在1962年至1971年間，香港整體每年平均獲頒勳章的總數只有26個。有見及此，戴麟趾曾在1971年要求英國政府把當時香港授勳的名額增加一倍。[33]

港督權力的脆弱性

港督既是英女皇的代表，也是負起實際管治香港的政府首長。雖然英國政府手握任命權，但始終是要透過總督來對殖民地進行管治。因此，獲任命為總督的英國官員，必然是得到英國政府的信任，加上英國政府不可能事無大小都向總督發出指示，因為這樣做既不可能，也無效率，不利殖民地的有效管治。因此，英國便發展出「在地的總督握有殖民地管治的最後決定權」這一原則。當然，這不是說總督可以逆英國政府的意旨而行事，而是要尊重總督在地的判斷；如果總督表現不稱職或對總督失去信心，英國大可把總督撤換。此外，總督通常在推行重大政策或改革時，是需要諮詢殖民地部/外交及聯邦事務部的意見，並在取得共識後才實行。英國亦可按實際情況或戰略目標的需要，具體給予總督指示，要求執行特定的決定或政策。當然，總督的意見和是否願意配合，亦會影響有關決定或政策是否得以順利執行。但如果總督覺得自己的意見不被尊重，他可以選擇辭職。

英國政府在1949年上旬決定免除港督在香港防衛事務上的權力，就險些引致葛量洪的辭職。在面對中國人民解放軍

33　詳情可參看本書第25章。

大軍壓境的情況下，英國有意加強香港的防衛措施，但當時的港督葛量洪擔心有關措施過嚴，對香港的經濟產生負面衝擊。而英國政府則以防衛為主要考慮，委派一名統率英國駐港三軍的司令，並指示港督要以該名司令的防衛意見為準。由於這樣的安排架空了葛量洪在這方面的權力，因此葛量洪表示想辭職。但後來葛量洪獲准在與駐港三軍司令有不同意見時，可向殖民地大臣上訴而作罷。[34] 此外，港督戴麟趾在1970年對英國政府過度介入香港內部事務而大感不滿，並被認為有可能因此而辭職。[35]

　　至於香港政府被要求執行英國政府的政策，可以英國政府在1950年把其全球反共產主義的部署延伸至香港的安排作為例子。事源於英國政府為了遏止共產主義的擴散，建議在香港大學和馬來亞大學分別成立中國文化研究院，鼓勵對中國的學術研究，目的是突顯和傳播傳統中國文化的自由但反共的觀點，以期影響海外華人對共產主義的態度。負責這件事情的外交部官員因此致函殖民地部，要求協助盡快在香港大學和馬來亞大學成立有關研究所。據殖民地部的回覆，香港政府同意每年提供5萬港元，以協助香港大學成立「中國文化研究院」(Institute of Chinese Studies)和「中國語言學院」(Chinese Language School)。[36]

34　詳情可參看本書第 2 章。

35　詳情可參看本書第 19 章。

36　詳情可參看本書第 26 章。

港督麥理浩的治港戰略

　　港督是負起管治香港的靈魂人物，對於如何發展香港和具體政策的優先次序，想必每任港督都有所計劃。但如果以全面性和影響程度而言，則非1971年港督麥理浩履新前所制定的治港大綱莫屬。麥理浩是應外交及聯邦事務部有關官員的要求，在等候接任港督的10個月期間，草擬這份治港大綱，作為港督和英國政府對治港政策的基本共識。這份文件有以下三個部分：長遠規劃、內部政策、香港與中國。[37] 長遠規劃部分是屬於絕密文件，主要是淡化和避免香港前途問題在1970年代中期之前浮現，並同時作出全面規劃和部署，以增加英國未來與中國談判香港前途的籌碼。因此，內部政策部分就列出要達至「長遠規劃」部分所訂下的目標而採取的改善香港社會和經濟的具體政策措施。香港與中國部分是闡述麥理浩到任後，如何處理與中國的關係，例如以釋放1967年左派暴動中被判囚人士作為工具，調節香港與北京的關係。[38]

　　總的來說，麥理浩這份治港大綱所肩負的使命，就是為英國創造與中國談判香港前途的籌碼，而其載體便是在最短時間內把香港各方面的發展遠遠拋離中國內地的水平。大概這種暗渡陳倉的安排，既成功凝聚香港各階層的力量推動社會進步和改革，也同時成就了英國創造與中國討價還價的戰略目標，佈局可說是非常高明。當然，沒有當時香港社會普遍要求改革和進步的共識，英國政府亦沒有可能推行這一具戰

37　"Guidelines for Governor Designate of Hong Kong", 18 October 1971, FCO 40/329 附載於 L. Monson's letter to Mr Logan, 29 October 1971, Document no. 4, FCO 40/329 之內。

38　詳情可參看本書第 7 章。

略意義的龐大社會和經濟改革工程。另一方面，沒有英國殖民地管治的支援系統的協助，麥理浩亦沒有可能撰寫出這一份完整和周延的治港大綱。

香港學界和評論界往往視1979年麥理浩訪問北京為中英就香港前途談判的開端，也把麥理浩在1970年代所推行的社會改革和建設，僅視為撫平1967年左派暴動所帶來的傷痛，以及創造香港進一步經濟發展的條件。這份麥理浩治港大綱的解密和曝光，讓人們了解到隱藏於社會改革和進步背後的，正是英國早在1970年代初就中英談判所設定的戰略和部署。說實在的，不要說香港社會不知悉麥理浩這份治港大綱，就連當時的香港政府官員都不被告知有這份文件的存在，其保密程度之高便可見一斑。

港督麥理浩的治港團隊

當然，負起執行這個戰略任務的麥理浩是出身自外交系統，要改變當時以殖民地官員為主的香港政府高層官員的思維，進而力推各項社會改革和建設，殊不容易。因此，有效推行這些帶有改革性質的政策措施，實在需要一支能幹的管治團隊的襄助。當然，全部撤換當時香港政府高層官員並不是個可行的辦法，但如何在既定的順位升遷安排中任命最具潛力的官員擔任重要職位，以及適度重組管治團隊的成員是較為務實的做法。麥理浩在上任後不久，便要處理因輔政司羅樂民(Hugh Norman-Walker)的離任，而尋找相關職位的繼任人選問題，涉及香港政府最高層的人事任命。在這過程中，英國外交及聯邦事務部大體上都是尊重麥理浩的意見和推薦

的。[39] 而在較後時間,麥理浩亦透過向英國政府借調數十名
英國官員來港助陣,並把他們安插在決策的關鍵位置之上,
如輔政司署(Colonial Secretariat)內各政策科的副司級和首席助
理司級職位,以促使新政策的順利推行。[40]

以借調英國官員的形式來推行麥理浩的新政,其實是有些
結構性問題,例如那些願意被短期借調而又得到所屬部門批
准的英國官員有可能不是高質素的官員,以及這些借調來港
的英國官員亦會受到香港政府官員的排斥。雖然存在這些問
題,但麥理浩仍然借調了一定數量的英國官員來港任職。這
樣的安排,與麥理浩和外交及聯邦事務部認為香港政府高層
官員的質素有嚴重缺陷不無關係。他們認為,當時身處香港
政府高層的官員(主要是來自英國的官員),只有在香港任職的
經歷或最近擔任的職務都在香港,因此與英國和歐洲的主流
思潮切斷了一段頗長的時間,未能與時俱進。[41]

港府財經官員的不足和局限

由於未能知曉具體的詳情,未能深入探究香港政府高層
官員是否真的脫節,但英國外交及聯邦事務部內對香港政府
財經官員的批評就簡單而直接。事件源於英國政府在1976年
討論香港發展方向的未來5年規劃時,外交及聯邦事務部的資
深經濟顧問嚴厲批評香港政府的財經政策,認為香港政府的
經濟思想太保守和僵化,經濟管理方法流於偏狹,以及經濟

39　詳情可參看本書第 8 章。
40　詳情可參看本書第 9 章。
41　詳情可參看本書第 10 章。

政策是前凱恩斯主義的,因此質疑能否適當地提升香港的公共開支,以支持加速香港的社會發展,來達致設定的政治目標,即推行一系列的社會和經濟新政,並在最短時間內改造香港,以取得更多與中國政府談判香港前途的籌碼。[42]

該名資深經濟顧問不僅批評香港政府的財經政策,也對香港政府高層財經官員的能力表示懷疑。在分析當時香港政府高層財經官員的經歷後(包括當時的財政司夏鼎基Philip Haddon-Cave),該名資深經濟顧問認為沒有一個官員擁有推動所需經濟改革的經濟專業知識,並建議作出相應的撤換。[43]

港督與英國政府的矛盾

大概英國政府和港督在香港推行改革新政,以換取更多與中國談判的籌碼這一戰略目標是沒有分歧的,然而在應有的分工和角色就起了爭議,尤其在制定1976年至1981年香港發展的規劃文件。麥理浩在上任初期訂下改革的詳細方案,但因為1973年發生世界石油危機而導致部分改革計劃的進度不如理想,由於與中國談判香港前途的日期越來越接近,為此英國外交及聯邦事務部便為香港制定這份規劃文件,以及成立一個常務委員會,以監督規劃文件內所列改革計劃的推行進度,以及讓香港政府適時知道英國政府所關切的事情和在特定問題上的意見。[44]

但港督麥理浩對該份規劃文件和「被規劃」感到非常不

---

42 詳情可參看本書第7章。

43 詳情可參看本書第11章。

44 詳情可參看本書第18章。

滿，認為這些做法與殖民地部的慣例不符。麥理浩指出，殖民地總督當然會就一些問題諮詢英國政府的意見，以及殖民地大臣的確也會就殖民地政府必須要做的事情發出指引，但從來就不會以規劃文件的形式，要求殖民地政府推行一攬子的政策和行動。麥理浩更指出，殖民地大臣是擁有撤換總督的最終權力，但殖民地的實際管治是賦予總督擁有最終的決定權。[45] 換言之，總督一經被任命後便享有一定程度的管治自主權，直至英國政府對總督失去信心為止；而麥理浩所要堅持的便是港督應該擁有領導香港政府的權力和責任。

其實，麥理浩「被規劃」的經歷並不是獨有的，起碼麥理浩上一任港督戴麟趾也遇上類似的情況。由於英國保守黨在1970年6月贏得選舉，取代工黨而成為執政黨，而新的外交及聯邦事務大臣霍姆(Alec Douglas-Home)上任後不久，在沒有事先與戴麟趾商議的情況下，去信戴麟趾要求盡早推行強迫的小學義務教育、加快興建政府房屋的速度和盡快設立冤情大使(Ombudsman)。戴麟趾向到訪香港的外交及聯邦事務部官員表示，霍姆的要求是干預了香港的內政，他感到非常不滿，並表示沒有英國政府官員可以命令香港政府如何處理香港的內部事務。知悉此事的其他訪港英國官員也曾認為，如果英國政府逼迫太緊，戴麟趾有可能辭職求退。[46]

除了英國干預香港內政的爭論外，英國與香港的矛盾亦隨着香港戰後的經濟發展而升級。作為管治香港的港督常常被視為香港利益的促進者和保護者，如果港督表現不如此，便會承受香港社會和經濟建制的壓力，有效管治便失去基礎。

45　詳情可參看本書第 4 章。
46　詳情可參看本書第 19 章。

對於英國政府而言，香港的有效管治所帶來的穩定和發展，既可減少管理香港的成本和風險，也帶來巨額的經濟利益。總的來說，港督維護和增進整體香港利益的同時，亦必然會帶給英國好處。然而，這亦不能排除在局部利益上，港督的「香港優先」政策，與英國利益是有矛盾的。這種局部的矛盾格局，在戰後香港的經濟蓬勃發展之後，尤為明顯。這反映在限制香港輸往英國的紡織產品、增加駐港英軍軍費的分擔、英鎊貶值、英國加入歐洲經濟共同體後取消香港的貿易和關稅優惠等等問題之上。伴隨着戰後香港經濟的驚人成長，便是香港建制精英對香港自治的信心增強，以及孕育了香港的本土意識，這亦突顯了英帝國和香港殖民地之間在政策的公正性和權力的不對稱下所誘發的緊張關係。[47]

小結

英國為了有效管治其殖民地而發展出一套較為完備的管治系統，當中雖然有中心(倫敦政府)和在地(殖民地政府)之分工，但從其系統的設計和運作來看則是高度關連和依存的。為維持這個管治系統的有效運作，除了在英國本土建立管治人才庫和在殖民地組成核心管治團隊外，以下支援殖民地管治的功能亦分別發展和確立：情報收集和分析、政策知識的創造和應用、政策參考和建議。試想想，如果沒有殖民地公務員隊伍的建立，那麼殖民地的核心管治團隊從何開始組成呢？如果沒有英國本土公務員可供殖民地借調的話，那麼港督麥理浩又如何組成他的管治團隊呢？

47　詳情可參看本書第 20 章。

　　至於收集和分析情報，以及創造和應用政策知識那就更不在話下。如果沒有充份和可靠的情報資料，那麼研判和對策便沒有堅實基礎。如果沒有政策知識的指引，那麼深層次問題便無法掌握和處理，以及政策視野和方向便無法確立。至於政策參考和建議的提供，更是在地負責施政的管治團隊所倚靠的。因為如果管治團隊在實際施政時可以借鑒英國的政策經驗，或遇上問題時，可要求英國有關部門給予意見和建議，那麼決策和管治工作便可提升效率和質量。

　　由於殖民地的管治是帶有政治原罪的，因此其建立的殖民地政權本質是脆弱的，如何獲得被治者最基本的支持，便得設法取得被治精英的默許和支持。因此，英國政府需要透過任命被治精英擔任殖民地政治建制的職位，以及透過冊封爵位和頒授勳章，來爭取和增加被治精英的支持。當然，越能吸納社會上不同社會階層和利益團體的代表，並能按社會的發展與時俱進(猶如英國殖民地部/外交及聯邦事務部在1960年代開始要求港督擴闊非官守議員的社會來源)，越能爭取最大可能的支持，能否產生效果就得視乎港督和有關英國政府官員的判斷和智慧了。當然，如果發現被吸納的精英做了些事，有違殖民地政府任命的初衷，便得採取斷然措施，以維持殖民地政府僅有的威望和支持。

　　除了善用吸納功能外，對官員有廉潔的要求亦是維持社會默許其管治的重點之一。英國政府是有所要求的，這在戴麟趾離任港督前向外交及聯邦事務部申報和申請批准接受貴重的歡送禮物便可見一斑。但可惜這種對官員廉潔的要求在1970年代成立廉政公署之前，並不普遍和不被嚴肅處理，因

此造成社會不公，累積了相當的社會不滿，亦造成殖民地政府的管治正當性備受挑戰。

總督是在地負責管治的最高層官員，由於是幾經磨練和取得英國政府信任，才可被委以重任，以及總督是掌握派駐地的最新情況和發展，因此總督的意見和決定通常都會被英國政府重視和尊重，不然的話，殖民地政府便無法運作。例如：戴麟趾抗拒英國擴闊非官守議員社會來源，以及麥理浩來港履新後不久進行高層人事改組。但在涉及重大政策和戰略方面，總督便要依英國政府的指令而行事，例如：葛量洪在防衛問題方面的權力被架空；戴麟趾被要求優先處理屬於香港內政的三項事情；以及麥理浩在英國政府制定治港的規劃文件時感到「被規劃」。當然，如果港督實在沒法接受的話，那麼辭職便是唯一的選擇了。

不管是管治系統和組織的設置，以及管治人才的培養和調度，英國政府都是「離岸」操作的，並透過派駐在地的英國官員，以及定期訪問殖民地的殖民地部/外交及聯邦事務部官員和國會議員，來達成管治的目標和工作。這樣的設計和運作原則，在沒有英國政府的關鍵組織和人員的支援下，在地的管治系統便無法有效運作。在1997年回歸中國後，香港特區並沒有積極推行管治系統的重構和更新工程，因此未能抵禦因英國撤出香港而帶來的空洞化影響，這亦造成香港特區目下的管治困局。

1 香港政府的核心管治團隊

　　英國殖民管治的特點之一，便是直接派遣英國官員管治殖民地，職位越高，越是由英國官員來擔任，更在殖民地政府最高層組成核心管治團隊。在1970年代的香港，由於合資格晉升至香港政府高層職位的華裔官員越來越多，負責內部保安的「軍情五處」(MI5)官員，在1974年上旬與港督麥理浩討論華裔高官的保安問題。其後在同年8月，當時擔任輔政司的羅弼時，向英國外交及聯邦事務部報告有關問題的具體情況和因應之道，並披露了香港政府的管治團隊的核心組成。[48]

　　輔政司羅弼時在該份解密文件中指出，在未來數年華裔高官的保安問題應不會出現，但為數不少的華裔官員遲早會晉升至極高層職位。[49] 除非具資歷、經驗和能力的華裔官員獲得晉升至相應職位，否則香港公務員的效率、士氣和忠誠便會受到莫大影響。因此，香港政府作出檢討，嘗試辨別哪些職位是必須由來自英國的官員擔任不可。

　　該文件顯示，香港政府對所有丙級或以上的政務官，以及其他高層職位的官員都實行「保安審查」(positive vetting)。大約有600個政府職位是要接受「保安審查」的，當中超過三

48　輔政司(Colonial Secretary)在 1976 年改稱為布政司(Chief Secretary)。

49　D. T. E. Roberts' letter to A. C. Stuart, 17 August 1974, Document no. 16, FCO 40/493.

分之二是來自警隊的職位。如果在晉升至這些敏感職位時，未能通過「保安審查」的話，有關官員便會調任不敏感的工作崗位。

有些高層政府職位，就算是通過「保安審查」的華裔官員亦不可以擔任，因為香港政府認為這些高層職位必須(must)、應該(should)和應當(ought)由來自英國的官員擔任。這些職位可分為兩類：

1. 甲類職位是在任何情況之下，都必須由來自英國的官員擔任，這包括：

   總督

   輔政司

   保安司

   警務處長

   政治部處長

   部分政治部官員

2. 乙類職位是應該由來自英國的官員擔任。這類職位再細分為二：

2.1 第一部分職位是有機會署任甲類職位的，這包括：

   財政司

   副警務處長

   副保安司(行動)

2.2 第二部分職位是應當由來自英國的官員擔任，理由是如果由本地官員擔任的話，或許會受到壓力而削弱其效能和可靠性，這包括：

   律政司

法律政策專員

銓敍司

政府保安主任

　　該文件亦指出，當擔任乙類第二部分職位的英國官員休假時，由本地官員署任這些職位是可以接受的，而且最長只是6至8個星期。如有需要，更可以不讓署任的本地官員接觸那些敏感的資料。

　　最後，輔政司羅弼時表示，只要上述甲類和乙類的職位是由來自英國的官員擔任，以及其餘政府高層職位有足夠數量由已通過「保安審查」的華裔官員擔任的話，香港政府高層職位的保安問題並不如先前擔憂那樣難於處理。

2　港督與英駐港三軍司令在非常時期的關係

在憲政角度而言，香港總督是英國政府派駐香港的最高層官員，統率文武百官，管治香港。如果是處於戰爭狀態，英國駐香港的三軍司令便會取代港督，成立軍政府，以處理和面對緊急軍事的挑戰。如果不是處於戰爭狀態，但是處於非常時期，那麼港督和駐港三軍司令的角色和職責又應如何劃分呢？

正當中國人民解放軍長驅南下，進佔長江以南的省份時，英國政府在1949年5月初宣佈派兵增援香港。為了作好防衛準備，英國國防大臣 A. V. Alexander 在得到首相的批准後，於6月6日至9日訪問香港，作實地考察。國防大臣在訪港後，於6月16日向首相提交書面報告。[50]

英國國防大臣在報告中指出，由於預期香港防衛危機將在當年夏秋之間達致高峰，所以他需要研究香港文人政府和軍事建制的關係。換言之，就是要調整港督葛量洪在防衛決策上的角色。該份報告透露，早在國防大臣啟程前的晚上，在一個部長會議上討論了葛量洪在5月初提出對防衛香港的兩難觀點：「[要在香港實施]移民管制、人口登記、強制兵役和很多已為其他大多數國家執行的基本保安措施，不管意圖和

50　"Report by the Minister of Defence on His Visit to Hong Kong, June 6th – June 9th, 1949", Document no. 1, CO 537/4838.

目標是甚麼，都是扼殺了香港的人流物流，為的只是更有效去防衛剩下的殘軀」。[51] 言下之意，葛量洪是恐怕太嚴厲的保安和防衛措施，會對香港帶來負面的經濟衝擊。

與會的大臣都意識到這個難題，並接納以下的解決方法：委任一名統率英國駐港三軍的司令；以及港督的權力和功能應維持不變，但英國會向港督發出指令，規定如果港督與駐港三軍司令在認定防衛措施是否必需和執行問題上有不同意見的時候，駐港三軍司令的意見將會被採納。換言之，港督失去在防衛和保安問題上的主導地位。

手持由首相批准的正式指令，國防大臣便在抵港當晚(6月6日)，與已收到來自殖民地大臣「預警」電報的葛量洪進行了長達兩小時的單獨會談。國防大臣在會面時，首先讚揚葛量洪的殖民地行政經驗和能力，以及對香港問題具有獨特的見解，但亦指出在中國共產勢力急速發展的時刻，任何軍事和保安措施的延誤，將會減弱有關措施的有效性，以及嚴重影響英國在東南亞的地位。國防大臣向葛量洪表示，如果香港政府未能在保安和情報上有充份的支援，已獲英國政府原則同意的額外增援所花費的人力和物力便會面對強烈的批評，並顯得這筆花費是不合理的。他更認為，如果對全面人口登記、加強對共產黨活動的情報收集和防止其不斷滲透、移民管制的計劃等措施上顯得猶豫，增援香港的政策就不足

51　原文是："Immigration control, registration of the population, compulsory military service and many of the elementary security measures which are in force in most States today would, to all intents and purposes, kill our trade in order to make the defence of its corpse more effective". 見 "Report by the Minister of Defence on His Visit to Hong Kong, June 6th – June 9th, 1949", p. 1, Document no. 1, CO 537/4838.

以重建香港的信心。在這種情況下，英國政府在盡力保留港督的權力，以及借重他的知識和經驗之外，同時期望建立一個足以防止軍事防衛措施最終被顛覆活動所擊敗的機制，而這些顛覆活動在其他地方都已被認為很成功的。國防大臣續稱，在發給港督的指令中所設定的計劃，是要給予港督一個既有相應地位和知識、而又能有效處理防衛問題的駐港三軍司令。

該報告亦透露，葛量洪在閱覽有關指令後表示會盡力給予合作，但指出如果在任何有關香港重大福祉的事情上有分歧的話，他應該享有向殖民地大臣上訴的權利。國防大臣回應道，只要不延誤緊急的軍事需要，他是無意阻止港督與殖民地大臣的正常接觸。他亦提及，英國國防協調委員會(British Defence Co-ordination Committee)是另一可能處理防衛措施有爭議的機構。

葛量洪要求將上訴問題延至翌日處理，並指出這是在整件事情上唯一會迫使他辭職的問題。當國防大臣與港督在翌日早上9時再見面時，葛量洪重申他是熱衷合作的，但要求在指令上加入他擬定的字句，以保障其向殖民地大臣上訴的權利。在取得港督同意其建議修改的字眼後，國防大臣便立即發電報給首相，請示批准港督建議加入指令中的字句。其後，首相表示同意，但同時加入新的規定，要求港督必須把其上訴的事情，知會英國國防協調委員會。最後，國防大臣在離港當天(6月9日)的早上，代表殖民地大臣正式向港督傳達經修改後的指令。[52]

52　經修改後的指令，見 "Report by the Minister of Defence on His Visit to Hong Kong, June 6th – June 9th, 1949", Annex II, Document no. 1, CO 537/4838.

除了有關向港督發出上述指令外，該報告亦載有國防大臣在巡視香港後，建議採取行動的事項：

1. 致力加快人口登記的速度，至每月估計的25萬人；
2. 盡速獲得所需的美國儀器，使人口登記計劃得以開展；
3. 必須盡快聘任合適顧問，協助開拓與中國以外國家的貿易；
4. 積極招募香港義勇防衛軍(the Hong Kong Volunteer Defence Force)；
5. 委派精於政治部工作的顧問，協助改善警隊在這方面的組織；
6. 盡快增加英國警官在香港警隊中的數目，以達至編制的水平；
7. 改善英國在「遠東」地區的反宣傳方法；
8. 檢查供給來港增援的皇家海軍和皇家空軍使用的航空燃料貯備；
9. 考慮食水供應的替代方法。

3 殖民地總督的選任程序和政治能力的要求

自從1966年殖民地部併入聯邦部(Commonwealth Office)，以及自1968年外交部與聯邦部合併而成為外交及聯邦事務部(Foreign and Commonwealth Office)之後，有關殖民地總督、副總督和輔政司等高層官員的任命，都是由「非自治領土高層官員任命委員會」(Dependent Territories Senior Appointment Board)首先作討論，然後向外交及聯邦事務大臣提出建議或推薦；在外交及聯邦事務大臣批准後，並取得首相的同意和英女皇批准後，人選便告確定。而外交人員的晉升和任命，則由其他專設委員會處理。[53]

「非自治領土高層官員任命委員會」是在1969年成立的，由外交及聯邦事務部常務次官(Permanent Under-Secretary)擔任主席，成員(以1979年為準)包括：外交及聯邦事務部秘書長(Chief Clerks)、人事科主管和副主管、與管理非自治領土有關的高層官員、前任總督(前港督戴麟趾是當時的成員)、以及「海外發展部」(Ministry Overseas Development)的代表。[54]

---

53 E. T. Gregory's minute to Mr McLaren, 18 May 1979, Document no. 63, FCO 40/1036; G. G. H. Walden's letter to B. G. Cartledge, 23 July 1979, Document no. 52, FCO 40/1035; Cartledge's letter to G. G. H. Walden, 25 July 1979, Document no. 55, FCO 40/1035.

54 R. J. T. McLaren's minute to Chief Clerk, 22 May 1979, Draft C, Document no. 69, FCO 40/1036.

就以1979年6月最後一次會議為例，負責支援該委員會工作的是外交及聯邦事務部「香港及一般事務科」(Hong Kong and General Department)的官員，而有關的作業流程如下：

1. 該科官員與外交及聯邦事務部內來自將有出缺職位的相關區域科的官員，商議更新或修訂該等出缺職位的工作細節和要求；
2. 然後整理和更新來自「英國海外公務員」的被考慮的人選；
3. 就來自「外交人員職系」(Diplomatic Service)和「英國海外公務員」的人選，徵求內部有關部門的意見；
4. 發函香港政府和「海外發展部」，邀請推薦適合人選應徵出缺的職位；
5. 與人事部和各有關區域科開會，討論已收到的申請人選；
6. 經考慮後的名單送交科內官員和外交及聯邦事務部秘書長審議；
7. 準備和發出議程和簡介資料。[55]

該委員會在1979年4月初致函香港政府銓敍司羅能士(J. M. Rowlands)，通知有三個殖民地總督(福克蘭群島、伯利茲、蒙塞拉特島)的空缺要填補，要求推薦合適官員應徵有關職位。[56] 香港政府回覆時稱，由於要向超過50名官員查詢他們

55　E. T. Gregory's minute to Mr Quantrill & Mr McLaren, 8 March 1979, Document no. 17, FCO 40/1036.

56　E. T. Gregory's letter to J. M. Rowlands, 5 April 1979, Document no. 34, FCO 40/1036.

的意願，因此要到4月底才可答覆推薦的人選。[57] 其後，香港政府回覆有5名屬於不同職級的政務官表示有興趣，並認為只有其中3名可給予認真考慮，他們是分別來自甲級、乙級和丙級政務官的職級。[58] 最後，這5名香港外籍政務官的申請都不成功，沒有被列在入圍名單之內，理由是福克蘭群島和伯利茲總督的位置是留給外交官員擔任，而蒙塞拉特島總督一職，則香港的候選官員並不如獲得推薦官員那樣具備適合的資格。[59]

其實，在有關總督職位的簡介資料和官員的通訊文件中，可以清楚看見總督的職責並不僅是個行政官員，他要具備政治智慧和外交手段，才可勝任。例如在福克蘭群島總督的職位簡介中，有這樣的要求：「該職位需要一個務實的行政官員，並具有外交經驗、政治觸覺和擁有能夠感動一個意志堅強、固執獨立和保守社會的個性，而這個社會是與英國有密切的聯繫，以及在倫敦擁有很大影響力和政治人脈」；而「總督的基本外交目標是使英國的政策得以被接受，而這是需要政治技巧、機智和耐性，這便構成極具困難的平衡動作。當代表和推展英國政策的同時，總督必定要贏得對任何轉變都抱懷疑態度的福克蘭人的信任」。[60]

由於伯利茲正邁向獨立之路，因此總督的政治能力就有如

57　Tsang's telegram to Gregory, 17 April 1979, Document no. 40, FCO 40/1036.

58　Tsang's telegram to Gregory, 1 May 1979, Document no. 48, FCO 40/1036.

59　見 Annex J, Dependent Territories Senior Appointment Board of 4 June 1979, Document no. 28, FCO 40/1035，以及 Notes on the Briefs for Dependent Territories Senior Appointment Board, 1 June 1979, p.2, Annex J, Document no. W71, FCO 40/1037.

60　Governor Falkland Islands: Job Description, 3 April 1979, para. 10 & 11, Document no. W32, FCO 40/1036.

下的特別要求：「如果是由當地的反對黨組成下一屆政府的話，由一位對非自治領土憲法有經驗和/或有認識的人士擔任總督一職，將會有莫大的好處，因為反對黨並沒有執政的經驗，以及對憲法明顯是不太了解。因此，如果能夠找到具管治非自治領土經驗的人選便很有幫助，而我們〔英國外交及聯邦事務部官員〕認為最重要的要求是：政治經驗和能夠敏銳地處理與伯利茲政府困難關係的特性」。[61]

最後，由於殖民地的數目快速下降(在1979年時，只餘下少於20個職位是由該委員會負責的)，以及傳統出任殖民地總督和高層官員的來源逐步乾涸(「英國海外公務員」已停止招聘)，並且越來越多是由來自外交人員職系的官員來填補殖民地高層官員的空缺，加上最資深的職位，如香港、百慕達和直布羅陀的總督，已不再由「非自治領土高層官員任命委員會」作決定，故此該委員會終於在1979年6月最後一次會議結束後解散。至於未來處理殖民地高層官員空缺的工作，便交由有關外交人員晉升的委員會來負責。[62]

---

61 J. W. R. Shakespeare's minute to Mr McLaren, 30 March 1979, para. 4, Document no. 31, FCO 40/1036.

62 E. T. Gregory's minute to Mr McLaren, 18 May 1979, draft letters to Peter Preston & David Trench, Document no. 64, FCO 40/1036; R. J. T. McLaren's minute to Chief Clerk, 22 May 1979, Draft C, Document no. 69, FCO 40/1036.

4 港督麥理浩申明總督應有的管治角色

　　港督麥理浩對於英國外交及聯邦事務部在1976年為香港準備一份香港社會發展的規劃文件，顯得頗為反感。雖然麥理浩在討論這份規劃文件的過程中，並沒有正式向外交及聯邦事務部有關官員提出「被規劃」的不滿，但就對訪港的外交及聯邦事務部官員表達對這件「被規劃」事件的看法，揭開了治港的實際分工問題和爭議。當時在香港與麥理浩討論那份規劃文件內容的是外交及聯邦事務部香港科官員 D. F. Milton，他在1976年7月16日向其上級發出的信件中，報告了麥理浩對「被規劃」的不滿，以及重申他對港督管治香港的應有角色的看法。[63]

　　Milton 首先在該信件中表示，已向香港科的官員報告與麥理浩在香港會面的情況。該次會面主要是談論那份規劃文件和立法局議員的委任問題，但由於港督在會面後，已先後去信外交及聯邦事務部香港科有關官員，所以他就不再重複與港督就這些問題的對話。但他指出，港督與他會面時，曾提及有幾點意見，但這些意見並沒有寫在致香港科官員的信件之中，至少不是以相同的語言來表達。他認為是值得把港督這些意見記錄下來的。

63　D. F. Milton's letter to O'Keeffe and Cortazzi, 16 July 1976, Document no. 85, FCO 40/704.

他續稱，在港督的要求下，他按照既定的方針向麥理浩解釋那份規劃文件的源起。麥理浩看似很從容地接受他的解釋，但就批評規劃文件這個概念，與非自治領土(殖民地)政府的工作是相反的。麥理浩表示，在殖民地部時期，殖民地總督與倫敦政府之間當然會就一系列問題作廣泛諮詢，雙方對一些政策有不同意見更是屢見不鮮，而這些有不同意見的政策通常是觸及憲政和政治問題，例如非殖民地化的速度問題。殖民地大臣或殖民地部官員的確會就必須要做的事情，發出指引；但殖民地部從來不會以規劃文件的形式，把殖民地政府各個方面的活動，收錄在一份綜合的行動計劃之內。麥理浩指出，殖民地部和外交及聯邦事務部對待香港的不同之處，在於前者過去一直都充分承認，殖民地總督主要是關注殖民地人民的利益，而不是達成英國政府的願望。雖然殖民地大臣擁有撤換總督的最終制裁力量，但在殖民地部時期，殖民地的管治一般都是建立在總督擁有最後決定權("the man on the spot should be left with the last word")的基礎之上。而作為前殖民地部的成員，Milton表示他回想起殖民地部運作的基本哲學，正好是與港督所言相符。

在提出以上的論點後，麥理浩便表示，他不傾向再為那份規劃文件作爭論。他並不會視那份規劃文件為英國政府和香港政府之間的「條約」("treaty")，因此不會為了「一份外交及聯邦事務部的文件」("an FCO paper") 而不惜一切代價。不過，麥理浩認為在那份規劃文件中有兩點建議是非提出意見不可，以免日後引起爭論。這兩點建議分別是：(1)要求更明顯地區分行政局和立法局的功能；(2)英國政府必須促進香港社會對英國的整體香港政策有更廣泛的認識，以及使得香港

政府官員更知道自己在這項政策中的角色。麥理浩形容第一個建議是「無意義的」("pointless")和對迅速決策是有害的；而認為第二個建議是侵犯香港政府的職責。解釋本地政策應由香港政府負責，任何對政策是由倫敦決定的懷疑，勢將引起很多的爭議。

5 對總督言行的規範

英國殖民地部在1959年7月，曾經發出一份名為「給獲委擔任總督人士的指引備忘錄」(Notes for the Guidance of Persons Appointed as Governors)，內容主要是提醒獲委為總督的人士要注意的事項和相關規定，除涉及附帶福利和健康要求外，對於總督在職和離職後的言行亦有所規限，如出任公司董事，投資、接受禮物、退休後出版書籍、在職時接受訪問、聘用非公務員人士擔任總督私人秘書和幕僚的程序等。[64]　該備忘錄的譯文如下：

「給獲委擔任總督人士的指引備忘錄」

任命、假期和旅費
1. 有關總督的任命、假期和旅費的規定，已載列於《殖民地條例》(Colonial Regulations)(第一部分)的第二章。

禮儀
2. 有關禮儀事情的規定(排名次序、敬禮、旗幟、訪問和制服)，已載列於《殖民地條例》(第二部分)的第六章。

64　Colonial Office, "Notes for the Guidance of Persons Appointed as Governors", July 1959, Document no. 4, FCO 86/3.

退休金

3. 總督的退休金是由總督退休金條例(1957)規定。

健康檢查

4. 以下的特別規定適用於總督的健康檢查：

a. 任何由國務大臣提請英女皇陛下委任為總督的人士(不管是否已是公務人員)，一般都必須接受由國務大臣指定的醫生的檢查，以確定他是否在體格上適合擔任所推薦的職位。健康檢查報告將會直接送呈國務大臣。

b. 國務大臣可以在任何時間，要求總督接受健康檢查，以取得其健康狀況的報告。如果總督正值休假的話，健康檢查將會由國務大臣指定的醫生負責執行。如果總督是在殖民地的話，健康檢查將由殖民地的醫務處處長，或其指定的人士負責執行。檢查報告將由醫務處處長直接呈交國務大臣。

公司董事

5. 依據慣例，在任總督是不能擔任普通或工業公司的董事，而以服務社會目標(social objects)為主的公司亦在禁止之列。除非獲得國務大臣的批准，總督在退休後是不能擔任曾派駐屬土上任何公司的董事或類似職位；國務大臣在批准申請個案之前，將會諮詢有關殖民地總督的意見。除在非常例外的情況下，申請如在退休3年之內提出將不會被批准。

投資

6. 總督在被任命時，必須向國務大臣披露在派駐的殖民地，擁有任何投資或公司股權，或在這些公司或任何當地的工作或事業有任何其他直接和間接利益的詳情。國務大臣會決定應否或在甚麼程度上要求總督放棄這些投資或利益。在委任為總督後，除非得到國務大臣的明確批准，總督是不能直接或間接取得與本段落提及的性質有關的投資和利益。

禮物

7. 總督要注意《殖民地條例》第51條的規定，總督及其家人是禁止接受貴重的禮物。如果在接受邀請出席有可能獲贈貴重禮物的活動(例如：新船的下水禮)之前，總督把這項規定告知活動的主辦者，便會更容易避免日後出現尷尬的情況；總督亦可建議他們向當地的慈善機構捐獻，這種做法是可以接受的。

退休總督出版涉及其任內情況的書籍

8. 除了官方保密法的規定，以及他自己的酌情處理和適當的判斷外，退休總督在這方面是沒有限制的。退休總督出版任何涉及退休前不久時間的政策問題，通常都會被視為不恰當，這道理至為明顯。當然，甚麼事情涉及或不涉及政策的界線，並不總是那麼清晰。有疑問的個案，通常是在取得國務大臣的許可後才可出版。

廣播節目

9. 如果總督在英國休假時被邀請在廣播節目中講話(電台或電視)，他在接受邀請前，必須諮詢國務大臣。總督可能在其駐地被要求發表錄音講話或訪問，日後在英國或其他地方的電台或電視節目中播放；總督可酌情接受邀請而不需諮詢國務大臣，但總督要緊記這些節目可能涉及在英國有政治爭議的話題；如有疑問，必須尋求國務大臣的意見。

私人秘書和幕僚

10. 總督的私人秘書和幕僚是他的工作人員(personal staff)，由總督酌情任命。除非總督挑選的人員本身已是公務員，否則他們是不被列為公務員職系的成員，而他們的公職任命亦容易被反對，因此若沒有事先諮詢國務大臣的話，就不能作出有關任命。這些工作人員的薪酬和旅費等開支是由公帑支付，而不同非自治領土會有不同的標準規定。

11. 總督通常是自己作出安排來挑選工作人員，但如果遇上困難，殖民地部海外公務員科(Overseas Service Division)或許能夠向總督轉介可能的人選。

總督官邸

12. 有關總督官邸的提供、維修和佈置的規定，已載列於《殖民地條例》(第二部分)的第8(N)章。

謁見英女皇陛下

13. 總督通常在任命時或之後，會盡快獲英女皇召見；而
    總督在離任時獲召見則不是慣例。

6 總督接受歡送禮物的規定和具體個案

　　港督戴麟趾在1971年離任前，曾致函外交及聯邦事務部查詢如何處理香港社會各界團體和人士，贈送給他和家人的歡送禮物。根據《殖民地條例》和相關指引(見本書第5章)，總督及其家人是不能接受貴重禮物的；但離任時的歡送禮物，可以在徵得國務大臣的同意後接受。在FCO86/3檔案內的文件，記錄了戴麟趾和外交及聯邦事務部有關官員就歡送禮物的處理原則和考慮，其中包括：戴麟趾所收到的禮物及請求可以接受的原因、以往處理總督接受禮物的先例、外交及聯邦事務部內部的討論和最終的決定。

　　戴麟趾在1971年5月6日(約在離任前6個月)，致函外交及聯邦事務部有關官員，查詢如何處理離任時收到的禮物。[65]他在信中表示知道接受禮物的相關規定(即《殖民地條例》第51(c)條)，但由於香港社會各界堅持送禮物給他，如果在這情況下表現得猶豫，就會引起尷尬；如果拒絕，則會導致極端的冒犯。正因為如此，以及《殖民地條例》的規定，戴麟趾為保障自己而尋求外交及聯邦事務部的指示。

　　他認為自己收到的禮物，可分為幾個類別。首先，是瑣細和象徵性及不帶有實質價值的禮物，如：所屬會社的領呔、徽章等；在開幕和奠基活動時所收到的剪刀、泥鏟等。對於

65　Trench's letter to Leslie Monson, 6 May 1971, Document no. 1, FCO 86/3.

這些禮物，他是一直都有接受的，前者會在適當場合時佩帶，而後者則會存放在督憲府的儲物室，在一段合適的時間後，便定期清理，以及由政府物料供應處來處理那些適合政府使用的東西。他希望這個政策能得到外交及聯邦事務部的贊同。

其次，是他有聯繫的本地組織所致送較有價值的歡送禮物，價值介乎5至20英鎊之間。這些物品不是容易經常有準確的估值。他有一份這類禮物的清單，而這類禮物通常是在沒有預告的情況下和在公眾場合中贈送的，而且大多是銀杯或刻有動物的象牙或骨製品。他接受這類禮物的標準是：必須由有相當交往而又被認可和有聲譽的機構贈送，以及必須最好刻有題贈，以大大減低其商業價值。而有贈送禮物和屬於這類機構的例子有：領事團、保良局、獅子會、St. Patrick's Society、St. George's Society、香港會所、香港小童群益會、香港基督教女青年會。在盡力勸阻的同時，他提出可否繼續接受這類禮物，以免出現因拒絕接受而引起不必要的冒犯，以及繼續接受那些動機明顯是出於善意的禮物？他表示，如今在這類禮物中，大約有一半是基於感情的原因而想自己保留；但如果禮物沒有這感情因素的話，他就會留置於督憲府的儲物室，以及按上一類禮物的處理原則來處理。

最後一類禮物，是由認識很久和很要好的私人朋友贈送的。他們贈送的禮物都傾向超出有關規定，因為在他們看起來是小禮物，但從規定的標準來看，就是超豪華了。戴麟趾表示，他已成功勸阻向他送贈這類禮物，但他認為最終至少有部分朋友會堅持贈送這類禮物給他。他請求只有在以下的情況，可讓他行使判斷是否接受這類禮物：

1. 他們是交往已久和與戴麟趾有私交的好朋友；
2. 除了是基於友誼，贈送禮物明顯沒有不可告人的動機；和
3. 那些不會令戴麟趾威迫他人贈送的微小禮物。

戴麟趾表示，這樣子的處理方法並不太令人滿意，但就希望外交及聯邦事務部有關官員可以接受。他指出有6位朋友送贈的禮物是屬於這一類。

此外，有一類是送給戴麟趾家人的禮物。他指出，直至目前為止，有兩份禮物是難於處理的。第一份禮物是一件頗為貴重的胸針，最少值50英鎊，是保良局在沒有預告的情況下送給戴麟趾夫人。如果把胸針還給保良局這樣的傳統組織，是政治上不明智的，因此他會將胸針留在督憲府，以待日後處置。另一份禮物則是一對「翡翠」馬，是在一個讓戴麟趾誤判禮物是不貴重的活動中，由趙聿修贈送給戴麟趾的女兒。戴麟趾表示，如果沒有經正式估價的話，該禮物的價值是難於確定，但相信是十分貴重。戴麟趾續稱，趙聿修是新界最有聲望的知名人士，他曾在不同的時候拒絕或送還趙聿修贈送的名貴地氈及貴重的銀水壺。再次拒絕接受是政治上不討好的，他提議在接受後便同樣留置在督憲府內。

由於發生贈送胸針禮物的事件，戴麟趾夫人已經向所有組織發出預告，懇求不要贈送珠寶飾物給她。但有部分組織可能不理會這個預告，因此戴麟趾建議，如果禮物是貴重的，以及基於半政治理由而不可拒絕的話，就把這些禮物留置在督憲府內，以待日後處理。戴麟趾請求授予酌情權，以及接受上述的處理原則。

戴麟趾表示還有一件最難以處理的事情，那就是他已被間接告知，在離港前會獲贈兩份禮物：一份是來自華人社會，而另一份則可能是來自整個香港社會。他表示，已經透過間接告知他此事的同一管道表達不想接受，又或是要求折成現金，轉贈戴麟趾爵士康樂基金(Sir David Trench Fund for Recreation)。但這被視為拒絕接受認可的中國禮儀，亦因此被促請接受，否則就是極大的冒犯，以及是不給面子的做法。

戴麟趾希望得到外交及聯邦事務部的指引或確實的指令，並表示只要在外交及聯邦事務部的權威下行事，不管是接受或拒絕這些禮物，他都會覺得滿意。他表明不大想要這些禮物，但他認為拒絕接受，雖然可能幫助打破一項不太理想的習慣，但亦會引致嚴重的冒犯，並且牽動到對他和總督這個職位的責難。最後，戴麟趾請求外交及聯邦事務部給予所有與此事有關的意見，包括：他有多大的酌情權來處理那些歡送禮物，以及外交及聯邦事務部明確指示是否接受上述華人社會和香港整體社會贈送的兩份禮物。

在翻查前兩任港督是如何處理這個禮物問題的檔案，以及參考以往類似的例子後，負責初步處理戴麟趾請求的外交及聯邦事務部官員於5月18日向部內上級官員提出報告指出，經翻查殖民地部有關檔案後，發現葛量洪在退休時，並沒有向殖民地部尋求任何處理禮物的指引；但柏立基(Robert Black)則有，而當時給予柏立基的指引與目前建議向戴麟趾發出的指引類似。[66] 有關官員亦參考了千里達前總督 E. Beetham 的個案，這個案是涉及向總督夫人贈送貴重的珠寶，而殖民地部最後是批准她接受有關禮物。

66　D. Blain's minute to Mr Shaw, 18 May 1971, Document no. 5, FCO 86/3.

有關官員在擬定回覆港督的信函中，認同戴麟趾在信中對各類型贈送給他或其夫人的禮物所提出的處理原則。在草擬回覆港督的信函時，該名官員表示曾考慮過下列的因素：

1. 當總督榮休時，當地的組織，如領事團、政治組織、商會和志願團體，致送禮物，是合乎慣例的。而過往的指引是：如果禮物是由公務員以外的團體或個人致贈的話，總督的最恰當做法是慎重地讓外界知道，他是不希望獲贈禮物的，尤其是要勸阻任何向公眾勸捐的活動。不過，如果總督在沒有預告的情況下，接受了禮物，又或者覺得拒絕接受會造成冒犯，加上又不能把這些禮物移交給政府的話，他或許可以保有這些禮物，但是要通知國務大臣有關禮物的性質，以及得到國務大臣的批准。

2. 在遠東，尤其是在香港，是以送別儀式的豪華和慷慨著名，因此婉拒接受禮物便會引起涉及「不給面子」的特別問題；這在其他地區所引起較小的冒犯有所不同。

3. 在香港服務一段頗長時間後從公務員隊伍退休的戴麟趾，是個在當時眾多總督之中，最資深和經驗豐富的總督。在其致外交及聯邦事務部的函件中，對規管公務員的規定和要求瞭如指掌，便可看出他是個一絲不苟的人。因此建議應允許戴麟趾行使酌情權，去界定哪些是屬於他自己和夫人的「私人」禮物。

4. 戴麟趾來信提及的胸針禮物是適中的，因此建議讓戴

麟趾夫人保有而不要留在督憲府。[67]　這個原則在千
里達前任總督 E. Beetham 的個案中已考慮過，當時
Beetham 夫人獲贈價值800至1,000英鎊的鑽石手鐲和
胸針，而國務大臣亦批准她保有這些禮物。

5.　至於由香港社會贈送的兩份禮物問題，有關官員表示
　　應接納港督的意見，那就是拒絕接受這些禮物會引起
　　嚴重的冒犯。由於在當時有關禮物是甚麼還未確定，
　　故建議亦是由港督酌情處理。

外交及聯邦事務部在5月25日首次就有關歡送禮物問題
覆函戴麟趾，信中提及的處理原則大體上與戴麟趾原先建議
的，以及上述外交及聯邦事務部內部建議的原則相若。[68]　信
中提及給總督處理禮物的一般指示，那就是：必須向當地社
會明確表明不希望接受禮物；必須阻止任何向公眾勸捐的活
動；在沒有預告和拒絕接受會引起冒犯的情況下，或可接
受，但要向國務大臣申報和取得批准。外交及聯邦事務部的
回信，亦分別按類別作出具體指示：

1.　瑣細和象徵性及不帶有實質價值的禮物：按港督建
　　議，先存放督憲府，容後讓政府相關部門處置；

2.　5至20英鎊的禮物：可假設國務大臣同意和批准港督
　　的處理建議和保有部分禮物，其餘存放在督憲府的儲
　　物室；

3.　交往已久的私人朋友所贈送的禮物：按照港督對私人

67　信中沒有提及如何處理由趙聿修贈送給戴麟趾女兒的翡翠馬。

68　L. Monson's letter to David Trench, 25 May 1971, Document no. 7, FCO 86/3.

朋友的明確和恰當的定義，可假定國務大臣批准接受這類禮物；信中更指出，相關的外交條例對接受這類禮物是免受一般規定的約束；

4. 贈送給家人的禮物：不反對港督的建議，把這類禮物留在督憲府。不過，有一點是關於由保良局贈與戴麟趾夫人的胸針。外交及聯邦事務部翻閱記錄後發現，一名總督夫人在數年前出席新船下水禮時，在沒有預告的情況下，獲贈數件珠寶飾物，雖然不確定其具體價值，但最低的估計也遠高於港督估計其夫人獲贈的胸針價值。外交及聯邦事務部更發現，贈送貴重珠寶給主持下水禮的女士，原來是傳統習慣，而且禮物亦通常已包括在造船合約之內！外交及聯邦事務部曾經想把這份珠寶禮物留在該殖民地的督憲府，以供繼任的各位總督夫人在正式場合佩帶；但就覺得因此為總督夫人們制造了一套「皇家珠寶」(crown jewels)而不可取。最後，該名總督夫人獲批准保有該份珠寶禮物。基於以上這個例子，有關官員認為如果戴麟趾夫人想保有那個胸針的話，只要是在港督所列的估值範圍內，或許會被批准。

5. 華人社會和整體社會贈送的禮物：由於當時不知道禮物的本質和可能的價值，因此無從給予判定。建議港督向國務大臣報告詳情，並提出申請保有這些禮物。

最後，外交及聯邦事務部亦提醒戴麟趾，對於保有並帶回英國的禮物，要按規定支付進口關稅的；但外交及聯邦事務部會與英國海關聯絡，看看能否減免有關禮物的進口關稅。

戴麟趾於8月12日再致函外交及聯邦事務部,除尋求批准保有原先想留置督憲府的胸針外,並更新有關香港社會和華人社會為他安排歡送活動的情況。[69] 他在信中表示,香港社會歡送活動和華人社會晚宴的主辦者,將會聯合致贈一對約10吋乘8吋的碧玉屏風(jasper-jade screens)給他。戴麟趾相信主辦者是知道他喜歡這份禮物;他亦相信這份禮物是很稀有和貴重的,但實際的價值就不得而知。他已向有關人士指出,這禮物實在太貴重了,但就被告知利國偉(Q. W. Lee)已經把碧玉屏風買下來了。戴麟趾表示不知怎麼辦才好,但希望外交及聯邦事務部可以批准他接受。

至於有關向公眾勸捐問題,他表示6月在英國時,就知道有人呼籲機構(不是個人)贊助公眾歡送活動的開支,並曾公布捐款是用來支付運送表演者和兒童到場館之用,餘款將轉贈戴麟趾爵士康樂基金。捐款有否用於購買這對碧玉屏風,戴麟趾表示不敢確定,但他懷疑是有的。因此,這是有涉及公眾認捐的部分,但捐款的不是個人,也不是單單為了購買禮物。信中亦指出,這種公眾歡送活動亦曾為前任港督舉行過,已經成為一種傳統。至於華人社會晚宴部分,他可以肯定地認為參加者要分擔晚宴的開支,毫無疑問地也包括分擔禮物的開支。

此外,戴麟趾亦更新將會收到的禮物名單如下:

1. 香港工業總會將會贈送零售價約為100英鎊的本地製造電子桌面計數機;

69　Trench's letter to Leslie Monson, 12 August 1971, Document no. 9, FCO 86/3.

2. 香港管理專業協會贈送價值約30英鎊的廚房用具；

3. 本地的印度社區贈送未知價值的地氈；

4. 應邀參加香港政務官協會的晚宴(每名參與者要繳交港幣5元)，以及將會獲贈價值20至25英鎊的禮物。

經過個多月的內部作業和考慮後，外交及聯邦事務部非自治領土總務科(Dependent Territories General Department)在9月20日向上級官員作出以下建議：

1. 戴麟趾保留所有因離任港督而獲贈的禮物(包括那對碧玉屏風)；

2. 戴麟趾夫人獲准保留由保良局贈送的胸針；

3. 同意戴麟趾的建議，把趙聿修贈送給其女兒的一對翡翠馬留置在香港督憲府。[70]

這個建議在外交及聯邦事務部內諮詢意見時，被當時任職外交及聯邦事務部人事科(Personnel Services Department)的尤德所反對。[71] 尤德認為由於該對碧玉屏風估計約值4位數字的英鎊，是份相當大的禮物，因此建議把碧玉屏風留在督憲府，又或是要求戴麟趾在接受該禮物後最少借出數年給英國的政府大樓擺放。此外，外交及聯邦事務部秘書長(Chief Clerk)更被引述稱，以外交人員的標準來判斷，該對碧玉屏風是十分

---

70 J. D. B. Shaw's minute to L. Monson, 20 September 1971, Document no. 15, FCO 86/3.

71 E. Youde's minute to Chief Clerk, 24 September 1971, Document no. 18, FCO 86/3. 尤德後來在 1982 年被委任為第 26 任香港總督。

貴重的禮物，如果是贈送給英國駐外使節的話，一般都會留在當地的官邸。[72]

而贊成讓戴麟趾保留碧玉屏風的官員，引述戴麟趾的意見，認為不願意把保良局贈送給其夫人的胸針留在督憲府，是因為胸針在日後是有風險被送回保良局的，因而會冒犯保良局的成員。同樣的論點，亦應用在由整個香港社會贈送的碧玉屏風之上，而風險就更大。若要借出碧玉屏風在英國的政府大樓擺放的話，那麼把它留在督憲府所造成的冒犯會比較來得沒有那麼嚴重。理由是香港社會是將港督與英國政府明確分開的，他們希望港督能夠維護香港的利益，戴麟趾本人亦是如此地看待自己的角色，而贈送禮物儀式就是表達香港感謝戴麟趾如此履行港督的工作。

有關官員表示不太同意戴麟趾這樣理解港督的角色，但就引伸出駐外使節和殖民地總督的不同之處。雖然駐外使節和殖民地總督都是正式代表英女皇和在某種意義上是代表英國政府，但殖民地總督基本上是一個政府的首長，既是從屬於英國政府，也是個與英國分離的實體；在派駐的殖民地社會裏，總督是民眾表達忠誠之重點所在，這與皇室之於英國民眾別無兩樣。因此，戴麟趾獲贈禮物，應視之為作為一塊英國領土首長的他，獲得民眾給予尊重和感謝的標記。[73] 由於代表兩造意見的官員無法達成協議，因此提請外交及聯邦事務部常務次官(Permanent Under-Secretary of State)作出定奪。

最後，從10月5日發給戴麟趾的電報可見，外交及聯邦

72　L. Monson's minute to PUS, 29 September 1971, para. 8, Document no. 19, FCO 86/3.

73　L. Monson's minute to PUS, 29 September 1971, para. 9–12, Document no. 19, FCO 86/3.

事務大臣不僅批准戴麟趾保留那對碧玉屏風(及他想保留的其他離任禮物)，以及其夫人獲保良局贈送的胸針，也不反對其女兒接受趙聿修贈送的翡翠馬。其實，不管是戴麟趾或者是非自治領土總務科，都是建議將那對翡翠馬留置在香港督憲府。[74]

在獲得批准後，戴麟趾在11月15日向外交及聯邦事務部提交一份禮物清單(價值不高和私人朋友送贈的禮物除外)，並表示感謝外交及聯邦事務部就他的禮物進口稅向英國海關提出寬鬆處理的要求，以及表明如果海關要徵收高昂的進口稅，他會在關口棄置大部分的禮物。[75]

外交及聯邦事務部非自治領土總務科在12月10日，就寬免進口稅一事致函英國海關有關部門，提出要求。[76] 但有關的海關部門於1972年1月27日回覆，指出離任禮物是不能豁免於相關海關條例的規定，但就可以對於因國際善意及由有代表性人物所送贈的禮物，給予特別的優待。[77] 因此，戴麟趾帶回英國的部分禮物是可以免繳關稅的。雖然其餘禮物是不能受惠於特別優待，但如果是由香港、英聯邦成員，或是英國生產的，就不需要繳納任何關稅。此外，信中更列出戴麟趾離任禮物中，哪些需要繳付購買稅(purchase tax)及其徵收的稅率。

74　Douglas-Home's telegram to Governor, 5 October 1971, Document no. 25, FCO 86/3.

75　Trench's letter to Leslie Monson, 15 November 1971, Document no. 27, FCO 86/3.

76　M. Tinman's letter to J. R. Harling, 10 December 1971, Document no. 29, FCO 86/3.

77　Letter to M. Tinman, 27 January 1972, Document no. 1, FCO 86/27.

　　不過，從戴麟趾回到英國後向外交及聯邦事務部有關官員寄出的感謝函中得知，他總共只支付了50英鎊的關稅和購買稅而已，並表示滿意海關這個決定，以及認為外交及聯邦事務部從中調解發揮了實效。[78]

78　Trench's letter to Mr Shaw, 5 February 1972, Document no. 4, FCO 86/27.

7 港督麥理浩履新前草擬的治港大綱

　　英國政府在1970年10月15日宣佈委任麥理浩出任港督，任期由1971年11月19日開始。麥理浩在1971年初卸任英國駐丹麥大使後，便開始為出任港督作好準備，並應英國外交及聯邦事務部有關官員的要求，草擬一份治港指引的參考文件，以確保外交及聯邦事務部和麥理浩打從開始就對治港的政策有基本的共識。這份名為「香港候任總督的指引」的文件是於1971年10月18日呈交外交及聯邦事務部有關官員審閱，而麥理浩在附上的信中指出，該文件是仍未定稿的，只能視之為外交及聯邦事務部和他對治港的重點關注事項，以及其因應之道；而確實的行動綱領和建議，就有待到任和經實地考察後才可制定。他亦要求外交及聯邦事務部有關官員給予意見，但就認為這份文件是不適宜以目前的形式，展示給任何香港政府的官員，以及與香港政府聯絡時，亦不要直接提及這份文件。[79]

　　該份文件分成三個部分：長遠規劃、內部政策、香港與中國。[80] 長遠規劃的部分是屬於絕密文件，麥理浩在閱讀有關

79　C. M. MacLehose's letter to Leslie Monson, Mr Wilford, Mr Morgan and Mr Laird, 18 October 1971, Document no. 1, FCO 40/329.

80　"Guidelines for Governor Designate of Hong Kong", 18 October 1971, FCO 40/329 附載於 L. Monson's letter to Mr Logan, 29 October 1971, Document no. 4, FCO 40/329 之內。

英國對香港前途的政策文件後，得出以下的結論：嘗試與當時的中國政府就香港前途進行談判是毫無意義的，但如果中國出現一個較友好的政府的話，那就另當別論；以及在任何情況下，英國必須在租約屆滿前的一段時間，又或是早在信心崩潰前，便要和中國進行談判。據此所得出的推斷是：

1. 由於要避免與當時的中國政府談判，英國便要小心，不要正式或非正式地與中國談論香港的地位問題，以免引起任何不切實際的期望。英國亦要繼續避免在香港有任何行動，引致中國政府重新思考其香港政策，這些行動包括：阻礙中國在香港賺取正當的利潤；容許不必要的衝突或引起合理的關注；以及使人有任何邁向代議政府或走向獨立的印象。

2. 英國必須在香港有意識地制定加強信心的政策，籍以爭取充份時間，讓有利於談判的條件在中國出現。相反地，英國要避免在香港出現突顯租約年期遞減的行動和行政程序。

麥理浩指出，第一個推斷是舊的，而第二個推斷是新的。到目前為止，香港政府仍然相信長遠規劃所帶來的安全風險是遠超其帶來的優點。但他認為，在當時為香港的未來作出保密和全面的研究是有其好處的。他認為，關鍵時刻不會在1970年代中期之前出現，因此規劃程序就要即時開始。他認為需要規劃的範疇包括：公共工程、政府鼓勵和保證私人投資、土地政策(包含拍賣官地和有關條款)和財政預算政策。後者包括：儲備水平、經常和非經常開支的比例、以及長遠規

劃政府開支水平(超越5年預測期)。此外，保證有足夠的外籍警官和政府官員，以及為那些承受不了長留香港風險的華裔官員、警察和與建制有密切關係人士，提供避風港(他沒有看過有關評估數字，但估計有25萬人)。

如果中國的香港政策維持不變，成功操作上述政策將會為英國取得數年的發展時間和改善英國的談判位置。但他表示，這場遊戲明顯有85%是不受英國控制的，如果中國選擇對抗的話，這個策略便會無效。他認為，不管怎樣都要看看這項研究能否提出在擬定有關政策時必須考慮的問題。

其實，英國政府和麥理浩的策略，又或是麥理浩在香港所進行的改革和龐大建設工程，都是為英國政府創造與中國政府談判香港前途的籌碼。換言之，英國政府計劃以最短的時間，把香港各方面的發展和生活水平盡量拋離中國內地，並突出香港社會和制度的優勢，從而影響中國政府在處理香港問題的態度和政策。[81]

指引的第二部分是涉及香港內部政策。麥理浩首先認為維持香港的經濟是最重要的，亦即要保持足夠的出口市場，以及採取必須措施來保障投資、生產的靈活性、專業的管理層和勞動人口。由於自二次大戰以來已存在的世界貿易擴展，致使達致上述的環境和條件應沒有太大困難，但是否能夠繼續如此就不太確定。這不確定因素卻遇上香港政府作出歷史上最龐大開支決定的時刻，而這些開支是用於地下鐵路、海水化淡廠、市區重建，以及中學和職業教育，並將會承諾投入資源至1980年代。他認為基於信念而生的行為或許

---

81 E. O. Laird's minute to L. Monson, 29 November 1971, Document no. 5, FCO 40/329.

是需要的，因此指引第一部分有關長遠規劃的考慮就顯得有重大意義。

概括而言，自二次大戰以來，香港政府在內政方面都埋首於連串的重大緊急計劃，首先是滿足重建香港的需要，其次是應付在二十年間人口增長四倍所帶來的問題。香港政府已在這些計劃取得重大成就，但麥理浩預料香港面對的問題已不再是這些緊急情況，而是如其他人口擁擠的大城市般，面對擁有越來越多從半貧困邁向半富裕的人口、較好學歷和較高個人消費所引發的期望上升、對生活環境和政府懷有較批判的態度，所衍生的基本問題。

麥理浩認為，在某段時間，大部分人都只是要求政府提供生活所需、有瓦遮頭(a roof over their heads)，以及不被政府騷擾。但現在或未來將會是要求較好的生活質素。這一要求，與管治團隊成員希望殖民地人民獲得的是相符的；但在任何情況下，如果這個要求在未尖銳化前得不到滿足，那就很可能有政治風險了。這點與麥理浩主張保持香港這塊殖民地的一個基本條件是不謀而合的，那就是香港要維持大幅領先於中國內地的生活水準。因此，他認為政府現在的問題是如何滿足這個要求，以及確保潛在要求者的忠誠，而同時是在政府財力範圍之內滿足這些要求。這些都要在還有26年租約便屆滿的背景下完成，而這個前景將會很快開始產生無數的壓力和緊張。

中國政府反對香港發展代議政府是可以充份理解的，而絕大部分懷有威權政府傳統的華人對代議政府的興趣不大。由於這種環境，對行政局和立法局的組成和功能作出修補，是難以增加市民接受政府的程度，雖然某些改變還是要推行

的。但是在較低層次的改革嘗試，讓居民對涉及其日常生活的行政機關有較大的參與感和認同感，就可能有較大的空間和成功機會。麥理浩認為，人民應該透過邁向重視責任公民權(responsible citizenship)，而不是代議政府，來認同政府。與此緊密關連的，是如何改善政府與人民的雙向溝通問題。

在上述的背景下，麥理浩扼要地討論了在過往數月的簡報會上引起其注意的重要問題(以下問題不是按優先次序來排列的)：

1. 行政立法兩局議員的委任：所有兩局非官守議員延任6個月，並在這期間內推薦新的委任名單。他完全接受新血的可取性，但亦承認有其困難。在推薦時，他會緊記維持兩局議員的建設性和合作性的重要。由於他們不會有任何代表性，所以重要的是他們的表現。

2. 市政局：載於行政局會議文件上的建議似是個巧妙和進步的方法，來處理這個麻煩但善意和值得讚美的組織。只要沒有爭議，他會嘗試和確保優先執行這些建議。

3. 政府架構重組：麥理浩表示聽到不少對輔政司署的投訴，主要是有關對部門的提議傾向阻撓、輔政司署沒有效率、以及在部門和正式決策過程之間設置障礙。但他認為有很多他曾經歷過的輔政司署工作是一流的，而這些批評相信是因為其擁有的權力所引致，猶如英國白廳(Whitehall)的財政部所面對的批評一樣。不過，他認為香港政府的架構，實際上仍然停留在沒有朝氣的海軍基地和人口一百萬的轉口港的日子。因此，改變是需要的。

讓麥理浩吃驚的是香港沒有任何作為集體決策或領導機構的官員內部會議，他認為行政局沒有這個功能，理由是官員之間的自由討論是不可能的。所有事情都似是由港督和輔政司解決(有時財政司亦有參與)，偶然才會召開臨時的官員會議。這樣子不利港督和輔政司取得其他管理香港官員的政策認同，亦難於生出集體責任感。有了官員內部會議就會提升部門首長的地位，以及更容易取得他們的認同和防止任何延誤。

對於有外交及聯邦事務部同事提出改革政府架構的建議，如立法局全由非官守議員組成或「部長制」，他只說架構改革會是他優先考慮的問題之一。此外，他亦同意要重新考慮輔政司署的角色，但由於輔政司署的重要位置，以及會影響輔政司的地位，所以他會特別小心處理。

4. 部門的連續性：最高層職位因請假而變動頻繁令他關注，他認為是造成延誤和沒有效率的成因之一。不管是部門主管或是司級官員短暫出缺，他建議由順位第二號人物自動補上。

5. 冤情大使：他認為要讓民政主任制度、市政局和兩局非官守議員辦事處的處理投訴功能得以發揮後，才會考慮引入新的處理投訴機制。但他認為要繼續保持成立冤情大使的建議，以便給予現存的投訴機制壓力，更有效處理投訴。

6. 政府的形象：他表示市民與政府的溝通已有明顯改善，但政府與市民的溝通就有所不足和備受批評。這個問題會是他優先處理的課題。他懷疑所需要的是個

有能力的政府發言人，以及鼓勵更多官員，直接應對媒體。

7.　教育：已經有延展小學教育的好建議，如職業先修訓練，並認為不需要對問題再作研究，把計劃執行便是。

8.　技術專科教育：良好的計劃已經寫好，問題是有多快速地實行。他認為應可敦促理工學院和院校開辦技術專科教育，又或是相應地提前擴展已規劃的龐大建築項目。

9.　房屋：建屋計劃的目標，不僅僅是解決難民沒有居所的問題，也是要改善整體的居住質素，以及達致大量降低密度和改善環境。這是正常市區重建的要求。但計劃將會面臨巨大的困難，主要是因為缺乏建屋地盤、相當昂貴的土地成本，以及獨特的人口密度。臨屋的徒置是另一類問題，他確切認為採取斷然措施，以減少和重建臨屋區是符合香港利益的。他續稱，哪怕是以延誤其他行動為代價，也要盡早找出消除臨屋的方法。

10.　勞工事務：他閱讀了一些有關1967年之後起草的勞工立法文件，但發現很多立法議案都陷入困境。由於不確定立法的困難是個人還是其他因素所導致，因此他對需要怎樣的立法還未有定案，但他傾向接受是個人的因素居多。另外，他引述向他作簡報的有關官員的意見謂，勞工顧問委員同意的勞工立法，往往是在輔政司署階段被反對而擱置下來。他對此表示驚訝！

11.　薪酬和招聘：與他討論這個問題的官員同意，政府要

面對的關鍵問題是要改正因大幅減少招聘本地和外籍
政務官，以及外籍督察所帶來的災害。該官員同意薪
俸調查委員會報告書所開列的建議是不足以達至招聘
的理想境地；認為在建議的附帶福利外，提供外籍官
員相當數額的直接財政誘因是可以考慮的；亦懷疑能
否找到擁有合適能力的華裔人士擔任政務官。

麥理浩回應稱，他在這個階段只能表示問題是非常重
要和帶有極大的迫切性。縱使很快就決定甚麼是應該
做，但問題是與員方工會的談判並不是容易的；縱使
服務條件可以改變至比薪俸調查委員會報告書建議的
更優厚，招聘的方法亦必須要與現在的不同。他建議
香港政府仿效外交及聯邦事務部招聘官員的方法，首
先取得經挑選的英國大學教授的興趣，繼而派出具能
力的年青官員講解在香港的事業生涯有何好處；而在
香港本地，亦要跟從這種積極的策略。

12. 香港政府駐英辦事處：這是個最有用和管理完善的機
構。外交及聯邦事務部已經有幾份提高行政專員地位
的建議書，但麥理浩希望推動一個對駐英辦事處在職
務和規模上的根本檢討，目的是把散落在其他政府機
構的職務統一由駐英辦事處管轄。如果這個計劃得以
實行，就必須有個具最強能力的專員和一個較大的辦
公地方。雖然如此，但他不認為駐英辦事處應該成為
外交及聯邦事務部和香港政府的一個溝通管道，兩者
的溝通仍是繼續要直接的。

13. 財政預算程序：直至現在，香港實際上是以政府收入
來為所有基本建設工程提供資金。但香港政府很快就

要為龐大建設工程，承諾投入前所未有的巨額資金作出決定，這些工程包括：地下鐵路計劃、海水化淡廠、為中學和技術專科教育興建校舍，以及市區重建和房屋的巨大要求。為了在如此長期承擔不同開支之間作出理性決定，採用遠較從前複雜而又可作更長遠預測的預算技術和預算方案是必要的。

文件的第三部分是有關香港與中國的關係。麥理浩參閱了外交及聯邦事務部兩名官員的文件後指出，這些文件極好地陳述中國政府和香港之間的聯絡點、這些聯絡點是如何管理、中國政府的目標、中英政府有關香港的主要爭議事項及建議的處理方法。麥理浩跟撰寫這些文件的官員討論和與「聯合情報委員會」開會後，便提出他自己以下的看法。首先，他表示所聽到的意見都認為中國與太平洋主要國家和世界其他國家的關係將有所轉變，但中國對香港的政策是沒有理由改變的。英國和中國在聯合國和在台灣問題上有不同意見，以及中國關注和批評日本在香港的活動，都可能引發摩擦，但專家們傾向認為這些危險是不太大的。

麥理浩認為，最少在可見的將來，如果中國發展對外貿易和政治關係的話，香港作為中國外匯來源的重要性是不大可能減弱的。除少數例外，中國與世界的貿易已經在中國港口直接進行而不需通過香港。因此，這種貿易的發展是不會取代香港的，反而更刺激中國的外匯需求。與其他市場比較，中國明顯地容易在香港售出賺取外匯的貨物。只要這種情況持續，香港對中國的貢獻將會維持。如果情況逆轉，香港便會有麻煩。

　　不過，麥理浩認為未來是不明朗的。人們不能用經濟角度來解釋共產中國的歷史，以及經濟考慮對現在的中國政府並不是決定性的，雖然在這一刻的趨勢是給予經濟考慮多一點而不是少一點的重量。美國在遠東地區對抗共產主義的時代，以及中國孤立的時代都正在結束之中。感到不明確的不僅是新時代具有甚麼特點，也包含這些特點對中國願意容忍香港這塊殖民地有甚麼影響，不管香港的存在對中國有多大的益處。麥理浩認為香港政府能做到的，是確保中國所獲得的好處是最大的，以及中國所面對的害處和沒面子的事情是最小的，這與香港殖民地的安危是一致的。

　　以下是麥理浩在聽取簡報期間注意到的主要問題：

中國在香港的代表問題

　　除非英國準備計劃改變香港的現狀，否則就要遵守與中國在香港問題上保持最少接觸的金科玉律，而這些僅有的接觸亦是按需要而定：

1. 有關香港本地實際事務的調解，全部透過既定但多樣的本地渠道來處理。這些渠道偶然未能應付特定的問題，通常都是問題本身或當時的中國氣氛所引致，而不是渠道本身。以麥理浩所知，中國政府從沒有投訴因為使用這些渠道而利益蒙受損害；以及

2. 有關原則和政策問題，或是香港本地渠道未能處理的本地事情，便會聯繫在倫敦的中國大使館或在北京的中國外交及聯邦事務部作處理。

　　這種在香港的半官方或非官方渠道，以及在倫敦和北京的官方交往的平衡聯繫是一個傳統的做法。若要這個制度能夠運作，就得透過香港本地的網絡來處理大部分的調解，理由是若不如此，則與中國在倫敦和北京的交往便會充斥着香港事務，而香港事務也會因短暫的中國政治壓力而難於防守。其實，這個制度看上去很奇特，亦很難在邏輯上拒絕承認一個可以處理所有事務的中國駐香港官方代表，特別是大部分的事務已是由持有外交護照的梁威林所領導和位於中國銀行大廈內的辦公室所處理。不過，麥理浩是同意不讓中國在香港設立官方代表組織的。麥理浩認為，如果香港和中國的關係已有所界定和同意的話，中國派駐官方代表在香港是可以接受的。但如果沒有這個前提，中國駐港官方代表聲稱甚麼是其正當活動範圍、或甚麼是他的目標、又或是共產黨人對他有甚麼預期，都變得沒有界限了。麥理浩更指出，中國駐香港官方代表採取低姿態行事是不被容忍的，而共產黨幹部亦不容許其駐港官方代表這樣做。如果採取高姿態行事的話，他就是另一位港督，以及很快便會出現實力較勁的測試了。他更會成為持槍或身懷炸彈的特工的攻擊目標。

　　麥理浩表示，直到目前為止，中國政府雖然偶有提及派駐香港官方代表的可能性，但就從未作出任何催促。最近的一次是在3月由周恩來提出，可說是典型的代表。周恩來沒有要求派駐香港官方代表，但就台灣問題交換意見時表示，英國在淡水維持領事館，但中國就沒有官方代表在香港，這是不合乎邏輯的。而香港本地的共產黨人曾被鼓勵在私下聲稱，設立駐香港的官方代表是當時中國政府的主要目標之一。

　　麥理浩認為北京是完全知道香港的情況，除非中國已經作

出逐步改變香港地位的決定，否則是不會竭力要求設立官方
代表至極限的。如果真的有這項決定的話，設立官方代表是
合乎邏輯的第一步。因此，麥理浩認為只要談判香港前途對
英國沒有好處的話，現存的調解和溝通制度就得保持不變，
以及英國要堅拒、甚或不理會來自中國的任何改變這個制度
的不太認真舉動。如果中國開始着力催促的話，英國便要重
新考慮有關壓力所帶來的影響。

麥理浩亦要求香港政府的政治顧問準備向他建議，是否可
在到港後向新華社香港分社社長梁威林表示一下無關痛癢的
姿態，把他的位階提升至好像英國已作出讓步，但又未達至
驚動香港的建制。可惜的是，梁威林是個香港政府難以和解
的敵人，而麥理浩恐怕開拓與梁威林個人但非官方的對話關
係，將會得不償失。

1967年中英對抗下的囚犯

據麥理浩了解，周恩來選擇這個問題作為他當時最關注香
港的事項。自從周恩來提出有關要求後，若以釋放的囚犯數
目來看，香港政府的回應是慷慨的。但根據輔政司羅樂民9月
13日的信件來看，按照目前的準則和程序，在1972年很可能
是不再有任何囚犯被釋放。麥理浩指出他自己是傾向不接受
這樣的安排，因為未能維持這股釋放囚犯的衝力，將會損害
他作為總督與北京的關係。

他認識到這件事情是非常敏感，尤其是面對香港警察和
部分的權力機關；但只要反對不是不可克服的話，他打算在
1972年內基於以下的想法找出解決方法：

1. 一連串的釋放；以及
2. 向中國提議把刑期不可減輕的核心領袖遞解出境。

中國和香港的溝通

　　麥理浩對於中國不再要求直通火車的安排，表示欣慰。他相信英國本身是不會再提出這個計劃，理由是該計劃帶有太多的入境和海關的複雜問題。但香港與廣州的旅程確是件麻煩事情，大體上是有損香港政府多於中國政府的名譽。因此，他提議研究香港和廣州開闢直接飛機航線的可能性。除了便捷之外，直航飛機實際上是件中英關係正常化，以及把羅湖和深圳火車站的重要性減低的事情。這亦是株搖錢樹，他認為凱瑟克先生(Mr Keswick)會密切留意的。[82]　到任後，他會查明有沒有任何因本地保安或其他原因提出的反對；如果沒有，他便會推薦展開談判，期望能在1972年廣州春季或秋季交易會時便可開航。他亦指出，這條航線的存在會自動為廣州和香港民用航空機構建立一個工作關係，以及產生與這條航線相關的好處。

　　麥理浩認為，在食水、電訊、郵政和氣象的聯繫是要極力鼓勵的，理由是既有利於相關職務的達成，也便於「正常」關係的發展。假若可以的話，他認為把以往從沒有提及過的電力輸出，也可以包括在這份聯繫名單之內。

82　相信是指怡和洋行的凱瑟克先生。

8 港督麥理浩到任後香港政府最高層人事的佈局

　　麥理浩在1971年底出任港督後，相繼處理香港政府高層職位的繼任問題，涉及的職位包括：輔政司、律政司、法律政策專員、首席按察司等。有關解密的檔案，透露尋找這些職位繼任人選時的原則性考慮和客觀環境的制約；亦有評價各職位的備選官員的條件和繼任安排。

　　由於英國政府已宣佈當時的輔政司羅樂民將會在1973年秋季離任，尋找繼任人選便在1972年下旬展開。麥理浩於1973年1月4日致外交及聯邦事務部的電報中，就人選和具體安排作階段性的報告。[83] 該電報首先提及已入圍的人選有：副輔政司祁廉桐(Michael Clinton)和財政司夏鼎基；另一可能人選是律政司和候任首席按察司羅弼時。他認為夏鼎基尚未夠成熟擔任輔政司一職，而祁廉桐是個備受公務員和非官守議員敬重和信任的官員，是個極佳的副輔政司，可惜缺乏能力成為一個好的輔政司，但可以是個適當的過渡人選，直至夏鼎基作好準備。當主管香港事務的外交及聯邦事務部官員認為這個發展前景不太滿意，以及表示屬意由羅弼時補上空缺時，麥理浩便指出在同一時間由局外人擔任總督和由非政務職系成員擔任輔政司，是輕率的。輔政司的工作不僅是

83　MacLehose's telegram to Duncan Watson, 4 January 1973, Document no. E1, FCO 40/441.

確保總督遵循行政法則的規定，更要取得政務職系成員的信任。他續表示，對這樣的發展前景亦不感滿意，他還推斷在外間嘗試找尋替代人選的努力亦未必奏效。

基於祁廉桐再過一年便達到正常退休年齡的55歲，麥理浩因此猜想年齡問題會排除他繼續擔任副輔政司的職位(升任輔政司就例外)，亦認為祁廉桐不願意繼續擔任這個職位下去；但麥理浩發現上述兩個假設都是錯誤的，因為如果羅弼時被任命為輔政司的話，祁廉桐會欣然留任副輔政司兩年。麥理浩認為羅弼時和祁廉桐這個組合是極為堅固，這亦改變了麥理浩原先反對羅弼時出任輔政司的想法。因此，麥理浩推薦羅弼時繼任輔政司，惟有以下的條件：

1. 委任羅弼時為首席按察司的任命是可以及時撤銷；和
2. 羅弼時被委任為輔政司後，不會影響他被考慮在首席按察司李比(Ivo Rigby)的繼任人退休後，成為繼任人選的機會。

其實，麥理浩的次佳首席按察司人選是貝理士(Geoffrey Briggs)。雖然他認為貝理士不如羅弼時那麼理想，但就認為貝理士會稱職的，而且只是做2年9個月的時間。

麥理浩更指出，這個人事轉換方案將會有一個附帶的好處，就是讓羅弼時維持擔任律政司至1973年底，從而有較多時間處理因Graham Sneath 辭去法律政策專員一職，以及連帶未能按原定安排填補羅弼時的律政司職位所帶來的局面。香港政府仍然需要召回借調至百慕達的何百勵(John Hobley)。

麥理浩續稱，以上建議是經過與輔政司羅樂民詳細討論，以及諮詢過首席非官守議員的意見之後才提出的。他會樂於在這封電報之後，再以書信形式列出更全面的論點。由於李比將於5月22日退休，以及英女皇已經同意任命羅弼時為首席按察司，因此在時間緊迫之下，麥理浩認為外交及聯邦事務部主管官員會傾向以電報形式來接收最新的情況。

對於外交及聯邦事務部內有建議讓高級副按察司百里渠(Alastair Blair-Kerr)在李比退休後署任首席按察司，直至前者在1973年12月退休為止。麥理浩認為是難以接受，因為署任的建議是不顧當時已安排在5月展開，並由法院系統積極參與的全面遏止暴力罪行上升趨勢運動的成效。社會大眾對這個暴力罪行趨勢感到極度困擾，以及不會明白建議讓百里渠署任的考慮是甚麼。麥理浩認為，正當處理百里渠的方法是把他納入英女皇壽辰或新年授勳名單之中。

由於麥理浩在電報中提及羅弼時繼任輔政司的其中一個條件，是在將來離任輔政司後，可被考慮出任首席按察司的職位。外交及聯邦事務部副法律顧問 A R Rushford，就應否排除一名現任或曾任香港輔政司的人士，被考慮成為香港首席按察司一事，給予法律意見。[84] 該名副法律顧問認為，輔政司在任內顯然會有些個人行為令他不再適合被考慮出任首席按察司；輔政司亦可能涉及一些在履行其正式職務時，必須執行的特殊政府工作，致令他在之後不適宜出任首席按察司。但這都是假設的情況，不可能給予一個具體例子或評估發生

84　A. R. Rushford's minute to Duncan Watson, 11 January 1973, Document no. 3, FCO 40/441.

的風險。不過，如果羅弼時被委任為輔政司的話，這點便必
須告訴他。

在外交及聯邦事務部和港督仍在考慮適合人選的時候，
香港大律師公會主席和前主席、香港律師會會長聯名分別在
1973年1月19日拍發電報，以及在1973年1月25日致函英國
外交事務大臣，要求把當時的首席按察司李比的任期延長兩
年。[85] 按《英皇制誥》的規定，法官的退休年齡是62歲，而
一般公務員則按《殖民地條例》規定，退休年齡是55歲。

麥理浩向外交及聯邦事務部表示，上述這封電報並不需
要重視，也沒有跡象顯示他們的要求是得到大多數會員的支
持。麥理浩更認為，該電報只是他們對其喜歡但要退休的人
表示同情，以及留住他們認識的傢伙(devil)而已。[86]

在回覆外交及聯邦事務部要求評價每位首席按察司的繼任
人選時，麥理浩表示不管是與另一可能人選Huggins作比較，
或是在退休年齡維持在62歲的情況下，他推薦的仍是貝理
士。[87] 作為殖民地公務員制度的門外漢，以及對殖民地法律
職系(Colonial Legal Service)的結構一無所知，麥理浩因此表示
不敢確定修改《英皇制誥》有關條款以延長退休年齡，究竟
是多嚴重的事情。既然有關條款已存在，麥理浩表示只有在
特殊的情況下，遵守有關條款將會嚴重危害公眾利益的話，
才應該不履行該條款。鑑於外交及聯邦事務部主管香港事務

85　Gerald de Basto, Henry Litton, B. S. McElney's letter to Alec Douglas-Home, 25
　　January 1973, Document no. 1, FCO 40/409.

86　MacLehose's telegram to Vincent Evans, 29 January 1973, Document no. 3, FCO
　　40/409.

87　MacLehose's telegram to Vincent Evans, 29 January 1973, Document no. 2, FCO
　　40/409. 在這封電報中，有一段文字要到 2014 年才解密。

的部門極力推薦貝理士多於羅弼時給麥理浩，以及麥理浩在1972年8月4日急件中所作的評估，麥理浩認為要有具說服力的論證，以說明由貝理士繼任會置公眾利益於極度危險之中。

麥理浩續稱，雖然百里渠缺乏貝理士的活力和進取，大家都認為前者較後者會是個較好的首席按察司。但麥理浩不確定百里渠能否帶給司法機構他認為需要的架構重組和領導能力，也對貝理士能否被倚重以完成這些事情，沒有十足信心或者起碼是不太滿意。百里渠或許是個較好的律師和較謹慎的法官，麥理浩表示這些都是首要的才能。從與政府合作的角度來看，百里渠是個較容易相處和通情達理的人。有鑑於他的年齡，滿意的醫療報告將會是任命他的前設條件。但麥理浩表示不知道百里渠會否接受延任的安排。

麥理浩認為，李比是個具品德誠信和道德勇氣的人，也是個完全稱職和被社會喜歡的首席按察司，但他不是個好的首席按察司，並不幸成為許多大眾批評的對象，認為他判刑太輕。麥理浩認為沒有正當的理由，把延長李比的任期合理化，而且會有很多反對延任的聲音。如果年齡限制被解除的話，麥理浩傾向支持百里渠多於李比。

最後，麥理浩總結他的建議如下：

1. 如果外交及聯邦事務部不反對修改有關退休年齡的限制，以及百里渠願意延遲退休的話，他會推薦百里渠，但要求有個滿意的醫療報告；

2. 如果外交及聯邦事務部反對有關修改，他會維持他原本推薦的貝理士。

另外，如果外交及聯邦事務部願意作出對退休年齡限制的修改，麥理浩建議：

1. 退休年齡仍然是62歲，而是否可以延遲退休，就要取得外交事務大臣的批准；
2. 百里渠首次延任的任期應該是3年。

外交及聯邦事務部有關官員經內部溝通和取得共識後，於2月2日以電報回覆麥理浩有關的發展。[88] 該名官員在電報中首先指出，他明白因香港社會的猜測所引起的尷尬，並表示會盡速處理，但就認為輔政司和首席按察司的委任已經是連結起來，因此恐怕未能在2月底之前對外公佈有關任命。

有關任命羅弼時為輔政司的事情，該電報稱下一步是要讓「非自治領土高層官員任命委員會」於2月6日開會討論。但在英女皇對改變首席按察司的推薦人選表示同意之前，作出宣佈是不大可能的；而在「非自治領土高層官員任命委員會」作出推薦，以及外交事務大臣贊成委任羅弼時為輔政司之前，便提交白金漢宮(英女皇)作批示，也是對羅弼時不公平的。

至於首席按察司的繼任問題，該電報表示同意港督的論點。除非對於年青人選的合適性有極大懷疑，或是較年長的人選是實質上更合適的，否則就不認為要改變退休年齡的規定。目下這個個案明顯不是這樣子。再者，有鑑於香港大律師公會主席的主張，如果修改有關退休年齡的規定，是為了百里渠而不是李比的話，那就變得非常困難了。因此，外交

88　Watson's telegram to MacLehose, 2 February 1973, Document no. 8, FCO 40/409.

及聯邦事務部有關官員便提議推薦任命貝理士為首席按察司。最後，任命羅弼時為輔政司和貝理士為首席按察司的正式公布在3月27日發出。[89]

由於羅弼時被任命為輔政司，他原來任職的律政司一職便要尋找繼任人選。而在這份解密檔案中，有一份6月6日的外交及聯邦事務部內部文件，提及人選的考慮和審查過程出現的問題。[90] 該份文件首先提及香港政府的建議，由時任法律政策專員的何百勵，升任律政司，以填補羅弼時的空缺。該文件指出，律政司的空缺並沒有香港以外的候選人，而何百勵是在香港最資深和最合適的人選。何百勵原本是借調至百慕達，但在麥理浩要求下，在未完成合約的情況下，調回香港，成為羅弼時的繼任人。因此，外交及聯邦事務部有關官員就《殖民地條例》第20條的規定，同意這項任命。

該文件亦指出，香港政府亦建議晉升 Garth Thornton 為法律政策專員，以填補何百勵的空缺。Thornton的晉升，涉及取代另一名在同一職級但年資比他多一年，以及較他年長和比他早三年加入公務員隊伍的同事。這些要點是出現在兩名曾在律政事務處(Crown Law Office)服務的官員所提交的秘密報告(confidential report)中，並引起有關官員的注意；而秘密報告亦認為Thornton是個較佳的人選。

但撰寫這份文件的官員表示有所猶豫，因為他認為委任這個層次的官員應該是由港督本人作出推薦，但實際推薦Thornton 的是香港政府銓敘科(Establishments Branch)。而在外

89　"Mr Justice Briggs to be Chief Justice and Mr Roberts Appointed Colonial Secretary", 27 March 1973, Document no. 54, FCO 40/409.

90　P. R. N. Fifoot's minute to Vincent Evans & Duncan Watson, 6 June 1973, Document no. 55, FCO 40/409.

交及聯邦事務部香港科的其他通訊檔案，也找不到顯示港督推薦 Thornton 的文件。但該名官員認為，很難相信這項推薦可以在港督不知情或不批准的情況下提出；而在秘密報告裏有港督對不同人選評語的跡象下，缺少某一特定的推薦也只是件小事情。不過，在外交及聯邦事務部手頭的有關秘密報告，並沒有港督的任何評語。因此，如果要正式記錄在案，就必須向港督查詢，以確認他是支持推薦以 Thornton 取代另一官員出任法律政策專員的職位。該名官員亦表示，已經要求香港科向港督查詢；並在收到港督的確認後，才會按《殖民地條例》第20條的規定，建議批准 Thornton 的晉升。

9 港督麥理浩借調的英國官員團隊

　　英國外交及聯邦事務部在1976年決定採用大力介入香港的政策，以確保由外交及聯邦事務部負責的規劃文件所載列的各項改革得以在5年之內完成，以創造在1980年代初與中國就香港前途展開談判時的最佳籌碼。為了有效監察這些改革的進度，外交及聯邦事務部香港科官員便想出不少方法，以達成目標。負責建議監察方法的外交及聯邦事務部香港科官員是 J. A. B. Stewart，他在1976年9月9日向其上級發出信函，就如何監察規劃文件的執行進度，提出不同的方法，以供決策的參考。[91]

　　該封信提出頗多的方法，但其中 Stewart 認為最好的方法是把英國外交官員和英國公務員，安置在香港政府的決策位置之上或接近這些決策位置的職位。因為這是在有限期的5年之內最直接產生政策改變的方法。他認為，以上安置英國官員進入香港政府的構想，只能透過借調方式來推行。他並指出，當這些借調香港的英國官員忠實地給予香港他們的專業意見，也同時維持對英國政府的基本忠誠。他更指出，麥理浩在出任港督後不久便實行這套做法，並在信中附上一份麥理浩自1974年1月以來，曾經借調的官員和聘任的專家名單(名單見附表)。

91　J. A. B. Stewart's letter to Mr Male and Mr Cortazzi, 9 September 1976, Document no. 6, FCO 40/705.

從該份名單來看，香港政府的高層官員和關鍵職位都由這批從英國借調或聘用的官員或專家所擔任。麥理浩當時曾借調或聘用37名官員或專家和1間顧問公司，其中30名官員或專家是擔任香港政府官員的職位。這些職位主要是副司級和首席助理司級的職位，以及監理專員，並主要散落在負責政策制訂的輔政司署內的各個政策科。當時，輔政司署有8個政策科，他們分別是：銓敘科(Civil Service Branch)、經濟科(Economic Services Branch)、環境科(Environment Branch)、財政科(Finance Branch)、民政科(Home Affairs and Information Branch)、房屋科(Housing Branch)、保安科(Security Branch)和社會服務科(Social Services Branch)。除銓敘科和環境科外，麥理浩向英國借調或聘用的官員或專家可說是遍布各重要的政策制訂的職位；再加上麥理浩在上任港督後的連串最高層官員任命，他的治港團隊便告確立。[92]

雖然這個借調安排可以為麥理浩提供為數不少的英國官員，讓他挑選成為他的治港團隊的成員，但是否能吸引最優秀的英國官員來港服務則是另一個問題。根據 Stewart 在信中提到，這個借調安排並不算是成功，主要原因是英國官員不太願意離開英國政府的主流工作，借調到香港服務數年，這樣子會損害他們的晉升前途。他續稱，如果再要推行這個借調安排，並且是更具規模的話，除非借調的英國官員是經精心挑選，並給予可靠的保證，確保他們不會因為暫時離開英國政府的主流工作而蒙受損失，否則這個安排就必然失敗。

92　麥理浩上任港督後的最高層官員任命，可參看本書第 8 章。

附表：麥理浩自1974年1月1日開始借調或聘用的官員或專家

姓名和來自的英國機構	在香港的職稱	聘用條款	職責簡介
*Mr. H. G. Ardley (環境署)	副經濟司	借調2.5年	輔助經濟司
*Mr. E. C. Whitby (國防部(陸軍))	副民政司	借調3.5年	職責主要是關於電台和電視政策，以及把香港政府兩個電視製作單位合併
*Mr. R. E. K. Holmes (環境署)	首席助理社會服務司	借調2.5年	協助規劃醫療和衛生服務政策
*Mr. D. Blain (外交職系)	首席助理保安司	借調2年	協助內部保安事情
*Mr. J. F. Barrow (外交職系)	首席助理房屋司	借調2年	協助發展和監督房屋政策
*Mr. H. P. Evans (財政部)	首席助理經濟司	借調2年	就經濟政策提供意見
*Mr. C. J. Blundell (大倫敦議會)	首席助理管理司	3年合約	準備項目計劃，例如：娛樂服務、火災和緊急服務
*Mr. T. Limna (大倫敦議會)	副管理司	3年合約	分析和發展政府的規劃系統
*Mr. G. H. Dart (外交及聯邦事務部) *Mr. D. Stanton (財政部)	首席助理經濟司	2.5年合約 借調2年	協助經濟分析和預測
*Mr. D. G. Tipping (海外發展部)	首席助理經濟司	2.5年合約	就經濟政策提供意見
*Dr. H. D. R. Baker (倫敦大學亞非研究學院)	中國語言培訓顧問	1.5年合約	檢討廣東話、中國文字和其他方言的延伸培訓方法、課程和教學用書

*Mr. A. L. Steele (在香港聘請；Peat. Marwick, Mitchell & Co., H.K. 的高級顧問)	首席助理管理司	2.5年合約	協助籌劃技能教育的計劃
*Mr. T. Duffy (外交及聯邦事務部駐卡拉奇一等秘書(商務))	香港電台助理處長	借調1.5年	協助制定廣播政策
*Mr. P. C. Hayward (英倫銀行)	首席助理財政司	2.5年合約	就經濟政策提供意見
*Mr. J. I. Mutch (英倫銀行)	副經濟司	2年合約	就金融政策提供意見
*Mr. A. K. Mason (外交職系)	副保安司	借調2年	保安科的行政職務
Mr. B. Werbell (New York Register of Drug Addicts)	—	借調3年	就毒品的電子資料處理方法，提供意見
*Mr. B. Johnson (英國監獄署)	首席助理經濟司	借調2.5年	工商業管理處、漁農處和海事處等部門的行政和政策工作
*Mr. N. C. L. Shipman (蘇格蘭教育署)	首席助理社會服務司	借調2.5年	協助教育政策的協調
*Mr. J. C. Patterson (英倫銀行)	銀行監理專員	3年合約	銀行系統的一般監督；負責執行銀行條例賦予的管制權力
*Mr. A. D. Ockenden (英倫銀行)	銀行監理專員	4年合約	
英國麥健時公司	—	按工作收費	檢討政府的架構
*Mr. J. B. Selwyn (英倫銀行)	證券監理專員	4.5年合約	執行證券條例，以及與證券、收購和合併有關的工作

Mr. J. V. Jeffrey (能源部核能裝置督導處)	核能裝置督導處首席督察	按工作收費	研究興建核電廠的可能性
Mr. F. Wood (英國原子能機構 (Winfrith)反應堆小組)	Desaltuation發展技術統籌員	按工作收費	
Mr. L. J. Nash (中央電力生產局電廠規劃科)	電廠規劃科小組組長	按工作收費	
*Mr. R. W. Day *Mr. P. Brand *Mr. N. C. Griffiths *Mr. B. Larter (外交職系)	譯電主任	借調	負責在電報室值班
*Mr. R. J. Stratton *Mr. A. E. Donald (外交職系)	政治顧問	借調	就影響香港安全的政治事件，提供意見
*Mr. T. J. B. George *Mr. C. D. S. Drace-Francis (外交職系)	助理政治顧問	借調	協助政治顧問
Mr. J. A. Johnstone (已退休的英國稅務局常務次官)	稅務條例檢討委員會主席	按工作收費	檢討稅務條例
兩名顧問 (英國劍橋顧問 (培訓)有限公司)	—	按工作收費	檢討政府培訓科 (Government Training Division)的工作和組織架構

註：＊代表填補政府職位

10 香港政府高層官員的質素和局限

　　對大多數的香港人來説，香港的公務員是有效率和廉潔
的。這種好評始於1970年代後期，至1997年回歸前的一段時
間達到高峰。這種社會認識，又或許更正確地説是印象，當
然有其客觀的因素和條件。隨着香港總督特派的廉政公署在
1974年成立，以及公務員薪酬和福利相繼獲得改善後，香港
公務員，尤其是香港警隊，貪污誘因大幅下降，而貪污的情
況亦大幅減少。此外，香港政府在1970年代推行龐大的10年
建屋計劃(包括公屋和居屋)，以及小學和初中的強迫義務教育
等利民的公共政策，在極短時間內有效地大幅改善了香港市
民的物質生活。香港市民對香港公務員的認識或印象，便是
建立在這個基礎之上。

　　但香港市民這種評價，只是個籠統的説法，並沒有説清
楚不同職級的公務員在這個過程發揮了甚麼積極的作用；又
或是哪些或哪位高層官員在推行這些利民政策時，扮演了關
鍵的決策和推動角色？而有效率和廉潔的評價，似乎並沒有
包括具政策視野和政治承擔的意思，其實這種論述是遮蓋了
香港政府高層官員的一些結構性缺陷和問題。英國外交及聯
邦事務部香港及總務科，為當時外交及聯邦事務部國務大臣
Goronwy-Roberts，於1977年11月22日接見回英述職的港督麥
理浩作會前準備，擬定了一份名為「外交官員借調香港」(DS

Secondments to Hong Kong)的背景備忘錄，當中對香港政府高層公務員有極之尖銳的批評。[93]

在介紹這份背景備忘錄之前，要先對香港政府的高層官員這個概念有所説明。這裏所指的高層官員是指涉及參與制訂政策和/或擁有決策權的官員，而這些官員其實主要是由來自兩個不同系統的政務或外交官員所組成：

1. 在英國招募的「英國海外公務員隊伍」(Her Majesty's Overseas Civil Service)[94] 和「英國外交人員職系」(Her Majesty's Diplomatic Service)；以及
2. 在香港招募的「香港政府公務員隊伍」(Hong Kong Civil Service)。

但由於前者被派駐香港時，通常都是以香港政府公務員隊伍的編制來任用，因此很容易造成混淆。

該備忘錄指出，麥理浩在1971年出任港督後不久，便得出香港政府高層官員的質素有嚴重缺陷這個結論。為了增強實力，麥理浩曾安排數名外交及聯邦事務部官員，以借調形式，來為香港政府服務。但這個試驗並不成功，其中一個原因是大體上來説，那些願意來香港服務或所屬部門願意放行的外交及聯邦事務部官員都不是高質素的官員；加上香港政府官員對這些官員的怨恨和排斥，致使麥理浩大失所望，以及借調計劃實質已逐漸消失。

93　"DS Secondments to Hong Kong", 18 November 1977, Brief F, Document no. W65, FCO 40/761.

94　在 1954 年 6 月之前，稱為「英國殖民地公務員隊伍」(Her Majesty's Colonial Service)。

　　該備忘錄亦透露，在1976年時，由於在不同問題上給予港督建議的質素拙劣，香港政府高層官員之不濟再次突顯出來。因此，外交及聯邦事務部國務大臣向港督建議，為了改善給予港督建議的質素，尤其是對英國政治局勢的建議，一名屬於外交人員職系第四級的官員應派駐在香港政府的中樞位置。但這個建議並沒有獲得重視。

　　該備忘錄認為，香港其中一個主要的問題是大多數香港政府高層公務員都只在香港任職，又或是所有最近擔任的職務都在香港。因此，這些高層政府官員便與英國和歐洲主流的政治、社會和工業關係思潮隔絕，時間可長達25年之久。當時發生在香港的事情，不論是在警隊、公務員事務科或是其他部門，都說明有需要進行架構重組，以提供優質建議給港督。港督曾表示其中一個可行的辦法，便是給他一位來自外交人員職系的幕僚長。

　　該備忘錄更指出，外交及聯邦事務部常務次長最近已核准一份公文，建議應該恢復外交及聯邦事務部和殖民地相互借調的計劃。此計劃有兩個目的。首先，是培養小量的外交官員擁有殖民地的經驗，好讓他們在未來的事業上，可以擔任殖民地的專職工作，或是成為殖民地部門的首長或餘下殖民地的總督或布政司，因為合適的英國海外公務員的供應，已快速地耗盡。其次，是讓來自殖民地的官員，與英國政府部門有良好的接觸，並認識英國和歐洲目前思潮的趨勢，以克服狹隘和封閉思想的問題。香港將會明顯是輸入借調官員的主要地方，而目前亦就借調官員的服務條件，與人事科和公務員事務科，達成共識；而外交及聯邦事務部亦差不多同意與香港政府接洽，以挑選適合這個計劃下的官員和職位。

11　香港政府高層財經官員的組成和經濟思想

　　大體上，英治時期的香港政府一直奉行審慎的理財哲學，而量入為出的財政預算原則亦寫進《基本法》之內，可算是香港公共理財的金科玉律。但這一原則在具體操作時，會否因應經濟狀況的不同、或是所處的發展階段的不同而有所妥協？更重要的問題是，究竟財政司的財政政策是要以成就港督的管治大計為依歸，還是他可以自成一格，不用服務於港督的施政綱領呢？港督麥理浩在1970年代中期推行龐大的社會和經濟的基礎工程時，便衝擊當時財政司夏鼎基的審慎理財哲學，當時還更引來英國外交及聯邦事務部資深經濟顧問的嚴厲批評。

　　在1976年討論有關香港的規劃文件的過程中，英國外交及聯邦事務部內資深經濟顧問對於香港政府的財經團隊的組成及其所奉行的經濟政策，有頗嚴厲的批評。有關批評是由外交及聯邦事務部資深經濟顧問(Senior Economic Adviser) Adrian Smith，在1976年3月16日致外交及聯邦事務部副次長 Larmour的信函中提出的。[95]

　　該信首先對當時香港在經濟思想上的缺陷，表示關注。他認為，香港政府的經濟思想不單只是太保守和僵化，也在應

95　Adrian Smith's letter to Mr Larmour, 16 March 1976, Document no. 33, FCO 40/702.

用經濟管理的方法上流於偏狹；他並形容香港的經濟政策是前凱恩斯主義的(pre-Keynesian)；並批評香港最新的財政預算案正是體現了這些缺陷，不單只在性質上是倒退，亦顯示出香港的中期規劃是在這個基礎上作出的。

他更指出，為了實行外交及聯邦事務部國務大臣已表示贊成的加速香港社會發展的政治目標，公共開支將要適當地提升。而要達成這個目的，可依靠以下的途徑：

1. 公共部門的借貸；
2. 擴闊稅基；
3. 開徵所得稅；
4. 入口關稅；
5. 控制貨幣供應；和
6. 動用儲備。

他認為以上這些做法，有部分對於香港政府來說不單只是嶄新的概念，也恐怕是不符合香港政府的想法和經濟思想的觀點。

他更指出，過去在香港財政司的要求下，外交及聯邦事務部經濟科曾為香港政府招聘負責實務的經濟師，但就沒有涉及高層經濟官員的任命。他表示，作為專業的顧問，當考慮香港的未來經濟政策時，他就不得不關注這個層次官員的任命。

因此，他對時任香港政府高層財經官員所擁有的經濟經驗作出分析(見本章附表)，並發現沒有一名官員是擁有足以推動所需經濟改革的相關經濟專業知識。他認為需要有足夠時間來考慮，以不同觀點的官員來取代現任的財政司和經濟司(Secretary for Economic Services)，而這些新任命的經濟官員必

須同時擁有最新的經濟思想，以及知道英國政府對香港社會進步的要求和外交及聯邦事務部對這個要求的重視。他亦表示，經濟科資深成員是樂於在這些方面提供專業的意見。

附表：香港主管經濟的官員(1976年3月)

職位	姓名	年齡	經濟的經驗
財政司 (Financial Secretary)	夏鼎基 Philip Haddon-Cave	50	自1971年擔任財政司 曾擔任相當於經濟司的職位
經濟司 (Secretary for Economic Services)	鍾信 Derek Jones	48	臨時調任的外交官第四級官員 自1966年起任職外交部 1955–66年任職殖民地部 1953年任首相辦公室經濟助理 1949年畢業於倫敦政治經濟學院
首席助理經濟司 (Principal Assistant Secretary (Economic))	Tipping	45	剛到任 1971–75年任職ODM Barbados 1961–69年任職Keele和 Newcastle大學發展經濟學講師
首席助理經濟司 (Principal Assistant Secretary (Economic))	Stanton	33	借調自財政部(經濟顧問) 1970–73年任職 DOE 1968–70就讀倫敦政治經濟學院
非專業經濟師 (Non Professional Economists)			
銀行監理專員 (Commissioner for Banking)	Ockenden	45	借調自英倫銀行
證券監理專員 (Commissioner for Securities)	Selwyn	60+	自英倫銀行退休
庫務署長 (Accountant General)	Blye	50+	成本會計師
副經濟司 (Deputy Economic Secretary)	Mutch	45	借調自英倫銀行

12　新入職的外籍政務官必須學會廣東話的要求

　　掌握管治香港實權的英國官員，絕大部分是屬於政務職系的官員，而政府最高層的司級官員亦多出自這一系統。在二次大戰前，只有英國官員能入職這個職系，華人並不是招聘對象。就是因為在管治上處於關鍵的位置，認識將被派駐的社會是有效履行其職責的條件之一。因此，那些剛入職的「官學生」(cadets，後改稱政務官，administrative officers)，就被要求學習廣東話，並經考試合格，才被正式聘用。而學習的地點，有在倫敦、廣州或香港；但在1949年中華人民共和國成立後，就只剩下在倫敦和香港了。在這背景下，港督葛量洪在1950年初向殖民地部報告有關「官學生」在香港學習廣東話的安排，以及他重視學習廣東話的原因。

　　根據港督葛量洪在1950年2月13日致殖民地大臣的信件中透露，倫敦和香港曾先後在1948年9月和1949年8月，就「官學生」學習廣東話這個課題交換意見。[96] 他在信中稱，香港大學已經有一段頗長的時間，考慮成立中國文化研究院(Institute of Chinese Studies)和中國語言學校(Chinese Language School)，並與英國的大學攜手合作，尤其是倫敦大學亞非研究學院。這個計劃已經由前任和現任的香港大學校長，以及

96　Grantham's letter to Arthur Creech Jones, 13 February 1950, Document no. 1, CO 129/625/8.

倫敦大學和劍橋大學的中文教授作非正式的討論，並同意成立這所研究院是可取的，而香港大學教務會(Senate)亦認同這個意見。如果這所研究院真的成立的話，附設的語言學校對教授剛入職的香港「官學生」廣東話有着極大的價值。

葛量洪進一步說明當時「官學生」學習廣東話的情況。首先，「官學生」在英國受訓期間(Devonshire Course)已開始學習廣東話；通常來港後的首兩年，仍會專注深造廣東話，並且不用參與任何的行政工作。他們享有語言學習津貼，以聘請教授廣東話的導師。但葛量洪認為這個制度是不合乎經濟原則和不科學的，建議採用倫敦大學亞非學院的教學方法，並預料改行新教學方法後(即「官學生」在英國受訓結束後，來香港在建議中的中國語言學校進修一年)，「官學生」的廣東話將會與用兩年時間跟隨本地導師學習所達致的水平看齊，甚或達致較高的水平。

在香港政府每年給予香港大學港幣五萬元的前提下，香港大學教務會已經同意接受「官學生」在建議中的中國語言學校進修廣東話課程。如果該課程真的設立，「官學生」就會提早一年被委以行政工作，並因此節省了每名「官學生」一年的薪酬福利和語言學習津貼合共約港幣18,500元。因此，在新的安排下，假若每年平均有三名「官學生」，政府便可以省下若干開支。建議中的中國語言學校亦可提供課程，給已經在港服務但未能有機會學習廣東話的官員進修，不管是因為剛剛才調職來香港或其他原因。其他殖民地政府，如新加坡和馬來亞，亦可受惠於建議中的語言學習設施。

葛量洪在信中，提及一則殖民地公務員培訓的通告，內容是有關「官學生」在英國第一期培訓課程(First Devonshire

Course)教學大綱的修改、受訓時間減少至11個月，以及無間斷的語言培訓。葛量洪亦表示知道香港的「官學生」，將會在倫敦大學接受廣東話的培訓。他完全認同這些提議，但他亦建議在第一期培訓課程時，學習廣東話的份量要加重。

他認為，政務官能夠通曉被管治者的語言是非常重要的。除例外的個案外，如果缺乏說廣東話的能力，那些官員便不能履行其職務。英國的第一期培訓課程是奠下掌握和認識廣東話的基礎，為了增加學習廣東話的誘因，他建議廣東話科目應佔全部學習科目總分數的一半，並認為這個分數比重才能突顯廣東話科目的重要性。

他更提議，廣東話科目應該給予更多的教學時間。經修訂的教學大綱規定每星期有10小時是學習廣東話，以及11小時用來學習其他科目。由於認為在大學放假期間增加額外教授廣東話的時數是不切實際的，他建議騰空教授人類學和社會結構、以及社會研習的科目時數，來教授廣東話，理由是在香港掌握廣東話比學習這些科目更為重要。

以上的改動建議，可能涉及倫敦大學亞非學院的額外開支，而殖民地部亦曾在1948年時徵詢香港政府是否願意增加對亞非學院的資助，因此葛量洪在以上改動被接納的前提下，請求殖民地部建議一個與這些額外教學承擔匹配的資助金額。

最後，葛量洪請求殖民地部批准以下建議：

1. 港府每年撥款港幣5萬元支持香港大學的中國文化研究院和中國語言學校；

2. 修改英國第一期培訓課程，以增加教授廣東話的節
數；以及

3. 學習廣東話科目的分數應佔英國第一期培訓課程全部
科目總分數的一半。

13　在海外招聘香港警務督察所遇到的困難

　　香港歷來都有在英國本土和英聯邦地區招聘高層官員，尤其是政務職系、專業職系和紀律部隊督察級官員。在海外招聘的香港政府官員，主要是來自英國本土，其次是英聯邦地區。隨着英國殖民地在二次大戰後紛紛獨立，願意入職「英國海外公務員隊伍」(Her Majesty's Overseas Civil Service；1954年前稱為「英國殖民地公務員隊伍」，Her Majesty's Colonial Service)的人數(和編制)急劇下跌，大大減低加入殖民地政府當公務員的誘因。不管是作為英國海外公務員，或是加入殖民地政府當公務員，事業和晉升前景都極不樂觀，因此英國年青人已經不大願意到殖民地任職。在沒有足夠新血加入的情況下，除了在海外公務員隊伍內部作出調配外，各殖民地政府只有依賴曾在其他前殖民地政府任職的官員，或從英國政府以借調形式派出官員，作為補充。

　　在這種情況下，港督戴麟趾在1971年8月19日致函英國外交及聯邦事務部，徵求對香港政府擬在南非招募警務督察的意見。[97]　該信件首先指出，由於接獲不少來自或曾經居住在南非(South Africa)和羅得西亞(Rhodesia)的前任警務人員查詢，表示有興趣受聘為皇家香港警察隊(Royal Hong Kong

---

97　Governor's letter to the Secretary of State for Foreign and Commonwealth Affairs, 19 August 1971, Document no. 1, FCO 40/330.

Police Force)的督察，以及香港警務處長認為在英國南非警察隊(British South Africa Police)有滿意表現的警官，其資歷可以等同供職於英國警察隊(United Kingdom Police Force)，加上當時在英國招募督察的工作令人失望，因此港督當時已接受他們的申請，但就只會聘請那些擁有英國護照的申請人，雖然港督明白擁有英國護照並不一定包含英國公民身份。為了取得滿意成果，港督認為需要在南非，甚或羅得西亞的報章上刊登招聘廣告；並希望得到外交及聯邦事務部或英國駐普勒托利亞(Pretoria)大使的意見，是否反對這個招募行動；如果不反對的話，在教育、體能和經驗等應徵條件之外，是否不反對增列應徵者必須是英國護照持有人的條件。

外交及聯邦事務部香港科(Hong Kong Department)負責處理這事情的官員，首先向部內與這事情有職務相關的羅得西亞政治科(Rhodesia Political Department)、中南非洲科(Central and South Africa Department)和海外警察顧問，以及英國駐普勒托利亞使館，諮詢意見。綜合得到的意見是，既不反對增列英國護照的規定，也不反對在南非報章刊登招聘廣告，不過認為在羅得西亞報章刊登招聘廣告，會因當時羅得西亞政權的不合法而令英國政府困窘。

在進一步商討這個綜合意見時，其中一名香港科較高層官員表示強烈反對香港在南非招聘警察，理由是：[98]

1. 大約在1967年時，南非已經拒絕容許雙重國籍，任何該年期以後服務於南非的警察，都會被迫成為南非公

---

98 J. A. Clewley's minute to Mr Laird, 23 September 1971, Document no. 2, FCO 40/330.

民，因此他們已交出以前的護照和宣誓放棄任何對英
國和英女皇的忠誠；

2. 約在同一時間，由於羅得西亞發生叛變和單方面宣佈
   獨立，在羅得西亞的英國南非警察隊亦採取類似的不
   容許雙重國籍政策；

3. 絕大部分南非警察和大部分羅得西亞警察是南非白人
   (Afrikaans)或其支持者，他們在不同程度上都是激烈反
   對英國的人；

4. 所有英國南非警察隊的警察，或多(在南非)或少(在
   羅得西亞)都是種族隔離政策的支持者(對於南非人來
   說，華人通常都被認為是「非白人」)；

5. 雖然在南非仍然有很多人持有英國護照，但數目是在
   大幅減少，而擁有英國南非警察隊服務經歷的就更
   少。

該名官員亦指出，這總會有例外。他不懷疑部分已經被香港
聘任的南非警官是可被敬重的，不過這些人應是因為對種族
隔離政策強烈不滿而離開南非，因此他們與那些仍然在南非
服務和居住的人是不同類別的。

　　該名官員其後發信要求上述曾被諮詢意見的部內其他同
事，在看了他的評語後，再次給予意見。[99] 他在信中表示不
贊同在南非刊登招聘警察廣告的共識意見；並解釋他的反對
是基於其26年在非洲服務的經驗，其中7年是在羅得西亞、馬
拉維(Malawi)和莫桑比克(Mozambique)，因此對南非的問題有

99　J. A. Clewley's minute to Mr Macrae, Mr Mason, Mr Payne & Mr Hicks, 24
　　September 1971, Document no. 4, FCO 40/330.

所認識。他亦曾到訪南非無數次，以及就招聘廣告問題諮詢過在南非服務的同事。他更認為，對於那些前英國護照持有人恢復英國國籍，是無法阻止的，但他堅持不能讓那些扭曲原則至寬容種族隔離制度的人，參加以伸張法律公平為己任的英國組織。

副海外警察顧問在回覆時認為，只要是規定英國護照持有人才可被考慮的話，他沒有強烈贊成或反對香港政府在南非招聘警察的意見，而這樣的規定亦可以排除絕大部分那些支持種族隔離政策的人。[100] 他認為這樣的招聘很可能只吸引那些沒有強烈種族偏見的人應徵，並提示在南非有些前殖民地警官和前英國南非警察隊官員是為勢所迫，以及不一定認同種族間隔政策。不過，如果香港的招募情況並不是那麼嚴峻的話，為了避免誤會和令人不快的評論，香港不混這淌渾水或許會更好。

中南非洲科的官員更表示理解該名香港科官員的情緒，但就不同意他的結論；並反駁稱，不讓英國公民成為香港警務督察的理由很多，例如：酗酒、濫藥、刑事監禁等，而在南非居住可能成為其中一個原因，但這又是否恰當呢？[101] 到訪南非或在南非居住並不是刑事罪行。如果真是認為居住於南非的人不符合申請香港警察隊職位的話，應告知香港政府這個立場；當然應讓香港政府就每一申請個案的優點，作出判斷；如果香港政府希望在南非刊登招聘廣告的話，就讓香港去做吧！根據他的回憶，在南非招募警官並不是甚麼新猷，

100　L. A. Hicks' minute to J. A. Clewley, 28 September 1971, Document no. 5, FCO 40/330.

101　J. E. C. Macrae's minute to Mr Clewley, 29 September 1971, Document no. 6, FCO 40/330.

並指出在1970年1月6日的信件(ECOC 5/16)已有提及。此外，羅得西亞政治科就簡單地重申，由於忠誠問題，聘用前羅得西亞的警官是不可取的。[102]

　　該名香港科官員向上級報告再諮詢結果時，特別對中南非洲科的回應意見提出質疑，指該科錯誤以為他反對居住在南非的人應徵香港督察，其實他反對的是香港想招聘那些曾在或仍然在英國南非警察隊服務的警官，他之所以不建議聘用是由於這些警官為了繼續服務於執行種族間隔政策的英國南非警察隊，而拋棄對英女皇和英國的忠誠。[103] 在昔日容許英國和南非雙重國籍的年代，任職殖民地或英國南非警察隊，而又因為南非的形勢所迫和不贊同種族間隔政策的前任警官，是屬於另一類型的，但他們當中只有甚少數是有興趣和合乎任職香港警務督察條件的年輕應徵人。他亦澄清，中南非洲科官員是錯誤引用1970年1月6日的信件，因為該信只是關於招募機電工程師和建築測量師，而不是警官。[104] 他亦引述其他同事的建議，認為香港在招募南非的警官前，倒不如嘗試在澳洲和新西蘭招募，理由不只是那裏有失業問題，那裏更住有不少前殖民地警官。

　　但這名香港科官員的意見，並未為其上司所接納，而其上司亦維持最初建議的方案，即：

---

102 A. K. Mason's minute to Mr Clewley, 29 September 1971, Document no. 7, FCO 40/330.

103 J. A. Clewley's minute to Mr Laird, 8 October 1971, Document no. 8, FCO 40/330.

104 由於未能查證有關檔案，故不能核實該信件的內容。

1. 香港政府不應在羅得西亞的報章刊登招聘督察的廣告；

2. 規定申請人持有英國護照作為聘任的其中一個標準，已經令那些摒棄英國國籍、反英和支持種族隔離政策的人不想參加或根本不能參加香港警察隊；

3. 同意如果在羅得西亞刊登招聘廣告，會鼓勵那些支持不合法政權的警官，應徵殖民地警隊的空缺，並在英國社會產生誤解和引致英國政府處於窘迫的境地。[105]

最後，外交及聯邦事務大臣在1971年10月18日回覆港督，表示不反對在南非刊登招聘廣告，以及在廣告內必須註明擁有英國護照是聘任的其中一個條件。另外，由於在南羅得西亞(Southern Rhodesia)招聘警務督察涉及忠誠問題，因此聘用那些為背叛英皇室的南羅得西亞政權效力的警官是不可取的，為此在羅得西亞刊登招聘廣告是不適宜的。[106]

105　E. O. Laird's minute to Mr Gaminara & Mr Clewley, 12 October 1971, Document no. 9, FCO 40/330.

106　Secretary of State for Foreign and Commonwealth Affairs' telegram to Governor, 18 October 1971, Document no. 13, FCO 40/330.

14 政治顧問的角色和功能

英治年代，香港政府設有政治顧問一職，負責協助港督處理對華事務和政策，扮演顧問的角色。前港督麥理浩和衞奕信(David Wilson)，曾先後擔任過這一職位。究竟政治顧問的功能和職責是甚麼？在1940年代後期和1950年代初期，外交部為何提議擴大政治顧問辦公室的功能和編制呢？

根據一份1953年有關香港政治顧問辦公室狀況的外交部內部備忘錄來估計，政治顧問一職是在1947年設立的。[107] 由於認為訂下工作條款並沒有好處，因此政治顧問一職在當時並沒有明文的具體職責。雖然如此，一般都認為和同意政治顧問有下列兩項主要功能：負責與英駐華大使館、廣州總領事館和其他在中國的領事館聯絡，以及在中國事務和政策上，扮演港督顧問的角色。政治顧問是香港政府的成員，可以直接晉見港督。其實，政治顧問一職原先是建議由英國外交部借調至香港政府的，但由於行政上的困難，最後還是決定短暫由外交部調職至香港政府，而薪酬福利就由殖民地部負責支付。

對於政治顧問應該是香港政府的成員，或是由外交部調任是曾經有所爭議的。這份內部備忘錄顯示，雖然港督葛量洪同意短期調派外交部的外交人員擔任香港政府政治顧問一職，但他提議在首任政治顧問約滿後，便由擁有中國事務經

107　E. T. Biggs' minutes to Shattock, 9 July 1953, FO 371/105343.

驗的香港政府官員出任。外交部並不同意港督的提議,但雙
方最後決定試行一年,再作檢討。有趣的是,檢討一事並沒
有進行,而政治顧問一職在1950年時,再由另一位外交部官
員接任。外交部其中一位官員指出,由於香港政府官員有一
段時間沒有處理中國事務的經驗,因此認為港督葛量洪在當
時是不大可能重提他屬意的方案。

　　其實,在1953年時,英國外交部正考慮把政治顧問功能
和編制擴大的建議。[108]　該建議認為,香港是自由世界透過
情報和宣傳來影響中國大陸的一個堡壘,但其情報活動被貶
抑,與區域情報機構亦很少合作。因此,該建議提出由一個
較資深的外交官員來領導政治顧問辦公室,給他更全面的外
交政策資訊,及增加兩名協助其工作的外交官員;而在原有
的功能上,增加與派駐香港的外國使節的聯絡工作,及管轄
以香港為基地的宣傳和情報工作。另外,為了加強香港的情
報工作,外交部亦同時與殖民地部商討在香港成立聯合情報
委員會(J.I.C.),並建議由政治顧問擔任該委員會主席一職。[109]

　　其實,外交部是不滿意當時香港政府對情報工作的態
度,以及不重視外交部派駐香港的政治顧問。英國外交部處
理香港事務的一名官員便指出,外交部與香港出現的大部分
爭執,都是由於香港政府內部缺乏強勢的外交部代表。[110]　該
名官員更批評,雖然香港在當時具有重大的國際政治和軍事
的重要地位,香港政府差不多只關注內部事務;並認為如果

108　E. T. Biggs' minutes on Mr. Tull's proposals for the Political Adviser's Office at Hong Kong, 23 June 1953, FO 371/105343.

109　E. T. Biggs' minutes to Shattock, 9 July 1953, FO 371/105343.

110　E. T. Biggs' minutes on Mr. Tull's proposals for the Political Adviser's Office at Hong Kong, 23 June 1953, FO 371/105343.

與香港理想的內部安全要求有牴觸時，派駐在香港但只屬參贊級(counsellor)的外交部顧問的意見便得不到重視。該官員更曾就香港的情報工作，以及香港政府和政治顧問對這些情報工作的態度，向曾派駐香港的情報官員查詢，得到的回覆是：香港的情報工作有待加強，並認為美國發出對香港沒有被充份利用的投訴是合理的。這名情報官員更指出，這一切都是因為警務處長的偏見所致，他既反對向中國進行情報活動和不信任反共的華人，也激烈地反對國民黨，以及對美國人懷有敵意，尤其是對派駐台灣的美國軍事援助技術團團長General Chase。他亦顯得厭惡派駐在台灣淡水的英國領事。

該位外交部官員更指出，警務處長的態度或許因身負香港內部安全的責任而可以理解，但港督明顯地過度依賴警務處長的意見，哪怕是軍事需要亦要得到後者的同意。他續稱，如果政治顧問是個資歷較淺的官員，他的意見是很難被接納，除非他選擇支持警務處長的「香港優先」路線，而當時的政治顧問就是傾向採取這條路線的。他建議政治顧問一職，需要由擁有堅強性格和能夠與警務處長對等地向港督表達外交部觀點的高級參贊或部長(minister)級官員擔任。他認為，由於香港在亞洲和中國事務上在可見的將來佔有十分重要的位置，任命較高級的外交部官員擔任政治顧問，以及最少給予一名助理是合理的。

對於外交部擴大政治顧問辦公室的職責和編制，以及政治顧問兼任聯合情報委員會主席的建議，這份解密文件並沒有記錄殖民地部和港督的意見，因此未能知曉外交部的建議是否被接納。

15　1950年代香港情報系統的運作

　　殖民地大臣在檢討二次大戰後幾份有關殖民地情報組織的文件後，於1956年4月向各殖民地政府發出一則屬於絕密的通告，指出準確和及時的情報資訊的重要，並重申建構和改良殖民地情報系統的原則和意見，以及與英國情報組織的工作關係。而港督葛量洪的回覆更觸及香港在1950年代情報架構的組成和安排，並表示不同意殖民地大臣的建議，如借調政務官或其他部門官員至政治部任職，以及委任政治部處長(Director, Special Branch)為本地情報委員會(Local Intelligence Committee)的正式成員。

　　殖民地大臣在該則通告中，特別提出關於殖民地情報組織的目的和運作的三點指導原則：[111]

1.　每個政府都有責任去維持一個有效的情報系統，使政府足以掌握危害公共秩序和穩定的可能威脅和政治發展；
2.　應建立一個有系統和恆常的收集、彙報和分析情報資料的程序，其目的是對潛在的危險有所警惕和盡早察覺，不管是否會構成明顯的安全威脅；

111　Alan Lennox-Boyd's Top Secret Circular Despatch, 28 April 1956, Document no. 1, CO 1035/49.

3. 所有來自不同來源的資訊都應該由一個單一組織來處理。打從在各層次有程序來整理收集到的資訊，乃至有個統一機構來記錄和評估有關資訊，以至提出一個平衡和綜合的完整情報圖像。

詳細而言，在收集情報資訊時，不再區分「安全」和「政治」情報，前者是指來自政治部和警察方面，而後者則是指經由行政和其他政府官員取得的資訊。不管是政治部或是地區行政的官員，只要是與民眾有緊密接觸的所有政府官員，都要參與情報資訊的收集工作。為了建構一個統一和有效的情報系統，行政機構和警隊的緊密合作是必要的，具體安排可包括：借調行政部門官員至政治部任職2至3年，以及在政治部總部委任一名專職負責與肩負內部安全工作的政府部門協調的政務官。

在情報資訊收集後，應由一個本地情報委員會負責統一整理和評估情報的工作。如果幅員較大的殖民地，更可在省或區域，乃至地區的層次建立類似委員會。該委員會應由資深的政府官員擔任主席，並由政務官負責整理和準備文件的秘書支援工作。作為總督情報消息的主要來源，委員會主席的工作至為重要，他既要熟悉殖民地的政治部和其他情報組織的工作，也參與倫敦的聯合情報委員會(Joint Intelligence Committee)的會議，以及與殖民地部和安全機構的總部討論有關情報的工作。

本地情報委員會的成員只由屬於政府公務員的官員擔任，並通常來自政府高層、警察和政治部、英軍和英國安全部門(如：情報聯絡官)。如有需要，其他政府部門的官員也可被委

任或增選為成員。本地情報委員會亦要定期提交報告(起碼是月結報告)，內容除了要檢視和解釋那些引至目前情況的事實外，並要提出未來的可能發展趨勢和有關的結論。該通告亦列出在一般情況下報告應包括以下的重點：

1.　共產主義

    (i)　　共產黨或地方共產主義小組：政策、影響力、財政和外部聯繫

    (ii)　　滲透情況：勞工、教育、政府部門、重要的公共服務和保安隊伍

    (iii)　　外圍組織：透過附屬的團體、組織和會社發展共產主義影響力的情況

    (iv)　　與其他政黨和組織的關係

2.　極端民族主義

    (i)　　有關政黨的政策和影響力

    (ii)　　顛覆運動

    (iii)　　對外的聯繫

    (iv)　　恐怖主義

3.　勞工和農民的不滿

    (i)　　一般經濟情況

    (ii)　　勞工糾紛和不滿

    (iii)　　被政黨利用的情況

4.　種族、宗教和部族的緊張情況

    (i)　　仇外和排斥反對膚色運動

    (ii)　　宗教狂熱和紛爭

    (iii)　　部族間衝突

5.　疆界和邊境事故

    (i)　　跨越邊境的襲擊

    (ii)　　放牧的衝突

    (iii)　　疆界事故

　　該通告亦指出，不管是定期報告或其他不定期報告，其草稿必須在開會前發給委員會成員審閱，而最終同意的定稿版本必須由所有成員簽署，以示承擔共同責任。而委員會主席亦要按照「需要知道」原則，把相關報告內容轉達至有關的政府部門，當中尤其重要的是把委員會對情報的整理和評估結果，告知有關情報的提供部門。

　　至於由總督呈交殖民地大臣的定期情報報告，亦有一定的要求。總督在提交自己的報告時，需要把本地情報委員會的定期和不定期報告一同附上。除另有說明外，殖民地大臣會假設總督是同意本地情報委員會報告的結論的。而總督的報告內容，應包括以下重點：

1.　報告應詳列所有不同來源(如：政治、安全、軍事和經濟)的重要情報資訊；

2.　應說明這些情報資訊的來源，如：公開的政治或行政來源、政治部、本地情報委員會；

3.　總督對這些資料的個人評估；

4. 總督的評估必須具前瞻性和對未來發展的可能趨勢作
　　出必要的結論；

5. 定期報告必須在評估期間結束後盡快上呈，不能遲於
　　每月的15號。

　　最後，該通告亦提及殖民地與英國情報機構「軍情五處」
和區域情報機構的工作關係。首先，軍情五處在殖民地是扮
演協助和提建議的角色，這從軍情五處委派的情報聯絡官
(Security Liaison Officer)在殖民地所負責的工作便可得知，而
執行情報工作的責任是完全由殖民地的情報機構所負責。由
於情報聯絡官是作為與廣泛情報資訊網絡的聯繫人，因此殖
民地情報機構必須經常就所有情報問題通知和諮詢情報聯絡
官。其實，殖民地部與倫敦的「軍情五處」維持非常緊密的
聯繫，而這種緊密聯繫亦反映在殖民地情報機構與情報聯絡
官的合作之上。

　　其次，與「遠東」和「中東」地區的英國情報組織保持聯
繫，以及在這些地區內(例如：香港、馬來亞、新加坡、沙勞
越、北婆羅洲、塞普勒斯、亞丁和索馬利亞)的本地情報委員
會必須與有關的聯合情報委員會維持緊密的接觸，亦是同樣
重要，這既對英聯邦情報系統有所貢獻，也可從中獲得有關
當地情報活動的背景資料。本地情報委員會的主席應視這項
工作為其具體職務之一。

　　港督葛量洪於同年8月作出回覆，指出香港的問題是國際
問題多於國內問題，原因有三：香港有99%的人口是華人；香
港殖民地被中國的利益和影響所包圍；以及中國政府沒有放

鬆干預香港內部問題的傳統政策。[112] 此外，他認為香港事實上沒有任何單一內部問題，可以在沒有國際和政治聯想下作出檢討和得到處理。因此，香港實際上並沒有區分政治和安全情報。

葛量洪亦說明了香港情報機構運作的情況。除了正式機構(如：政治部)外，所有高層政府官員都知道收集情報資訊的責任，並會將每日的發展向政治顧問報告和與他討論。此外，港督亦會每週召集會議，聽取輔政司、華民政務司、警務處長、勞工處長、教育署長、防衛司(Defence Secretary)、政治顧問和公共關係主任(Public Relations Officer)的報告；有需要時，更會個別接見。由輔政司主持，警務處長、政治顧問，以及各情報機構代表參與的本地情報委員，是收集和評估情報的中心，前三者更是本地情報委員與由港督召集的每週會議的溝通橋樑。

作為日常情報的貯藏庫和處理官員，以及情報機構和政府部門的聯繫樞紐，政治顧問更是本地情報委員會的秘書。本地情報委員會則經常與「遠東」的聯合情報委員會保持聯絡，並取得該委員會所有與香港有關的報告和文件，而該委員會的成員亦經常來港進行諮詢活動。本地情報委員會亦會進行研究，而研究項目有些是由委員會自行提議的，有些則是應政府、聯合情報委員會或參謀長的要求而進行的。在1956年時已完成和正在進行撰寫的報告有：中國情報資訊的收集、殖民地的共產主義活動、香港在非軍事侵略和外在軍事威脅下的弱點、國民黨活動。

112　Alexander Grantham's letter to Alan Lennox-Boyd, 18 August 1956, Document no. 2, CO 1035/49.

　　至於向殖民地部發送報告的安排，葛量洪表示過去是每兩星期以電報發出情報資訊報告，而最近則改為每週一次；如情況需要時，另會安排發出特別報告。雖然如此，葛量洪認為在這樣的安排下，欠缺對發展趨勢的評估和未來事態的預測。為了作出改善，港督建議設立季度報告，由華民政務司、新界民政署長和警務處長協助提供有關內容。

　　最後，葛量洪認為從香港的特殊情況來看，借調政務官或部門官員至警隊政治部任職，並不理想和不必要。其中一個原因是葛量洪認為政治部對於特定問題有其自己一套的處理方法，這在政治部來看是有價值的，但對鼓勵其他部門持有與政治部類似的觀點就有所猶豫，認為讓政府部門繼續保有各自的觀點，並成為一幅平衡的圖畫的組成部分，才是理想的。

　　有趣的是，殖民地大臣在其後的回覆中，建議葛量洪考慮委任政治部處長為本地情報委員會的正式成員，並指出在其他殖民地都有這樣的安排，甚至有些是以政治部處長取代警務處長在本地情報委員會的職位。[113] 但葛量洪不接納，認為需要保持只讓政治部處長參與討論有關本地安全情報議程的做法，以及警務處長會繼續在有需要時帶同政治部處長出席本地情報委員會的會議。[114] 此外，葛量洪亦表示在特定的情況下，熟悉華人觀點的華民政務司會一如既往獲邀出席本地情報委員會會議，以協助委員會進行相關的評估工作。

113　Alan Lennox-Boyd's letter to Alexander Grantham, 1 October 1956, Document no. 3, CO 1035/49.

114　Alexander Grantham's letter to Alan Lennox-Boyd, 7 November 1956, Document no. 4, CO 1035/49.

16　殖民地部的研究基礎

　　殖民地的發展需要做研究？知識而不是常識才可協助掌握各殖民地的獨特條件和環境，從而制定不同的發展策略和管治方法？研究不只是金錢的投入、還有其他配套措施？這一切對殖民地展開研究的需要和有關安排，是基於作為管治者的英國官員，深深認識到對殖民地的情況不掌握，將會帶來管治困難和政策失誤的危機。再者，英國本土社會和人民對殖民地事務的無知，也增加英國官員在尋求英國國會和社會輿論支持的難度。如何能改變這種被動的局面呢？英國有關官員選擇了透過研究成果，為科學決策和理性討論提供空間和基礎。

　　在二次世界大戰前夕，英國改變過往不積極發展殖民地的政策，透過制定《1940年殖民地發展和福利法》(Colonial Development and Welfare Act, 1940)，有系統地發展殖民地。除了直接向殖民地政府撥款支持地方發展項目和工程外，這法例還特別設立專項研究經費來研究殖民地的發展。這筆殖民地發展經費是由殖民地部負責處理和分配；而每年平均的研究經費預算是50萬英鎊，目的是為殖民地的發展決策和政策執行提供實證的知識基礎。在《1929年殖民地發展法》(Colonial Development Act, 1929)的規定下，1929年至1941年這11年期間，總共只用了少於60萬英鎊於研究之上，亦即平

均每年只有約5萬英鎊。因此，1940年所訂下的研究經費預
算，是比前一階段的研究經費大幅增加。而《1940年殖民地
發展和福利法》在戰後的1945年和1949年作出修訂，分別把
每年研究經費的上限提升至100萬英鎊和250萬英鎊；其後在
1950年更把1946年至1956年的研究經費預算上調至1,300萬英
鎊。[115] 而最後在1946年至1956年期間實際的總研究開支，約
是1,036萬英鎊。到了1955年時，則把1955年至1960年這五年
期間的研究預算編訂為800萬英鎊。[116]

　　殖民地部為了管理這筆為數不少的研究經費，於1945年
增設研究處(Research Department)，由一名助理常務次官負
責，主要職責是為殖民地政府和英國本土科研人員提出的研
究計劃提供研究行政支援和負責協調工作，並與英國財政部
共同審批這些研究計劃。[117]

　　從1940年至1955年的研究經費分配來看，當時的研究重
點是放在自然資源的開發(例如：漁、農、林業，以及農藥和
蟲害的研究)和公共醫療衛生之上；但對殖民地的社會和經濟
研究經費撥款，一直維持在總研究經費預算約九個百份點，
這個比例不能説是不重要。[118]

115　Information Department of Colonial Office, "Notes on Colonial Research", pp. 4
　　&7, January 1951, Document no. 3, CO 927/116/2.

116　Colonial Research Council, "Provision of Colonial Development and Welfare
　　(Research) Funds for the Period 1955/60", C.R.C. (55) 7, 26 April 1955, CO
　　927/536.

117　Information Department of Colonial Office, "Notes on Colonial Research", p. 8,
　　January 1951, Document no. 3, CO 927/116/2.

118　Colonial Research Council, "Colonial Development and Welfare Research
　　Schemes: Review of Grants Made Up to the 31st March 1955", C.R.C. (55) 6, 20
　　April 1955, CO 927/536.

　　對殖民地社會經濟研究的重視，可從殖民地部研究處一份名為「為何我們要資助社會和經濟研究」的內部文件得到答案。[119] 該份文件指出，資助這些研究是有政治和教學的目的。文件所指的政治目的是指政府透過這些研究的過程和結果，掌握殖民地的基本情況，並提供可信賴的科學知識，以供決策和制定管治策略之用。具體而言，對殖民地的基本研究和分析，如對殖民地的部落、社區、傳統制度、語言和人口等的研究，可提供較準確的資料，以便了解和掌握當地的情況。在這些基本研究之上，透過歸納的方法，尋找事物發展法則的比較研究才可以進行，並為決策提供了初步的知識基礎。而運籌學研究(operational research)亦是借助上述的基本研究和比較研究所積累的知識，才可以成為可能。例如：在西印度群島的島民一致要求政府大幅增加社會保障開支的時候，一名社會學家便展開對島上的互助會(friendly society)的研究。其後，就是基於這個研究的發現和建議，西印度群島議會通過了修訂的互助會條例，使得互助會成為促進自願社會保障的有效工具。

　　至於教學目的，是指經由對殖民地社會研究所得的成果，提供第一手素材和資料給殖民地大學作教學之用。文件亦特別強調社會科學的教學，必須以實地研究(field research)所得的資料為主，並指那些認為住在當地的人必定認識所處社會發生的事情的言論荒謬。如果這個謬論成立的話，那麼英國的資本發行委員會(Capital Issues Committee)便要像聽取財政金融專家意見那樣來對待倫敦魚販(cockney fishmonger)的見解了。

119　Mrs Chilver, "Why we have financed social and economic research", Submitted on 12 July 1954, CO 927/535.

此外，實地研究所產生的效果既可減少具政治殺傷力的無根據指控，也可提供「正確」教學資料給那些培養未來社會棟樑的大學科系使用。

　　既然研究對殖民地的發展和管治起着重要影響，那麼除了金錢經費的投入外，相關的配套措施也是不可或缺的，否則便會事倍功半。為了讓有關研究計劃具專業水平，「殖民地研究委員會」(Colonial Research Committee)便在1942年成立，目的是向殖民地大臣(Secretary of State for the Colonies)提供專業意見和審議研究計劃；由於其他專業諮詢委員會的陸續成立，這委員會的工作便以制定研究政策和分配研究經費為主。其後，殖民地部更按不同的研究範疇先後成立不同的專業諮詢委員會，例如：1943年成立「殖民地產品研究委員會」(Colonial Products Research Council)和「殖民地漁業諮詢委員會」(Colonial Fisheries Advisory Committee)；1944年成立「殖民地社會科學研究委員會」(Colonial Social Science Research Council)；1945年成立「殖民地醫學研究委員會」(Colonial Medical Research Committee)和「殖民地農業、動物健康和林業研究委員會」(Committee for Colonial Agriculture, Animal Health and Forestry Research)等等。這些委員會按其專業分工，就殖民地的研究課題，提供專家意見，以及審議相關的研究計劃。[120]

　　研究項目要有專業水平，除了由專業諮詢委員會審議研究計劃外，還要有一支訓練有素的專業研究隊伍。在建構二次大戰後殖民地研究組織系統時，殖民地部官員和有關殖民

120　Information Department of Colonial Office, "Notes on Colonial Research", pp. 8–9 & Appendix A, January 1951, Document no. 3, CO 927/116/2.

地研究諮詢委員會成員認識到，英國科研人員既對殖民地研究或到殖民地工作的興趣不大，亦恐怕因參與殖民地的研究工作而失去在英國主流專業界別和研究機構中的資歷、待遇和晉升機會。再者，在預期戰後人才難求的情況下，如何吸引和提供方便給英國本土的專業和研究人員，參與各項殖民地研究計劃工作，便成為極待處理的課題。他們幾經思量後，最終建議另外設立有較大聘用彈性的殖民地研究人員職系(Colonial Research Service)。我們可從時任殖民地大臣Oliver Stanley於1945年3月向殖民地政府發出的通告中，窺探得他們在處理這個課題時，有下列的建議和考慮：[121]

1. 新設職系的基本目的是使研究人員能夠專心致力於研究工作，而不會被委派負責他們未必勝任的其他工作；以及對優秀的研究工作人員給予的獎勵，定當與在其他公職工作表現優良的人士的獎勵相同。

2. 為了免除要無限期在殖民地供職或物質回報嚴重受損之間作選擇的恐懼，對有意從學術界和其他科研工作轉職至殖民地研究職位的優秀科學家，或他們從殖民地研究職位回復原職時，都應給予在薪酬和退休安排上的方便。

3. 因此，新入職科研人員的基本薪酬，應與擁有英國本土有關專業研究委員會相近資歷的科研人員所得的薪酬相同，並額外發放與其他殖民地公務職系職級相約的官員所享有的殖民地服務津貼。

4. 為了促成英國本土和殖民地屬土間科研人才最自由的

121　Oliver Stanley's Circular, 15 March 1945, Document no. 2A, CO 927/1/1.

流動，建議另外成立一個與大學退休金計劃互通的供
款式退休金計劃；並把殖民地公務員和大學退休年齡
分別是55歲和60歲這一事實一併加入考慮。

5. 在適合的個案上，對於已身在政府公務員行列的科研
人員，在調職至新設的職系時，應給予方便。

6. 在新設的研究職系任職的科研人員，是在殖民地大
臣指示下和在有關科學委員會輔助下，開展工作；
而在借調至殖民地服務時，則被視為是該殖民地政
府的官員。

有了以上的考慮和安排後，對殖民地的各項研究便注入
了新的研究動力。在1955年初，受聘從事研究殖民地的研究
人員有452名，當中有91名是屬於英國海外公務員研究人員
職系的。[122] 除了設立殖民地研究人員職系和全職職位外，殖
民地部亦同意殖民地研究委員會的建議，設立殖民地研究員
(Colonial Research Fellowships)，以鼓勵年青的自然或社會科
學研究人員，參加殖民地發展和問題的探討和研究。在還是
戰時的1944年便決定在未來五年，設置25個這樣的職位，任
期通常是兩年，並在任期內完成特定的研究計劃。此外，為
了充實殖民地研究的人才庫，殖民地部亦設立研究獎學金，
使年青研究人員在接受基本訓練後，可派往殖民地作實地研
究。[123]

英國殖民地部更指出，「知識是任何穩當發展的唯

---

122 "Colonial Research Appointments", 26 January 1955, Document no. 10, CO
927/578.

123 Information Department of Colonial Office, "Notes on Colonial Research", p. 9,
January 1951, Document no. 3, CO 927/116/2.

一堅實基礎」(Knowledge is the only sure basis for any sound development)，並認為英國對殖民地的認識有很大的落差。因此，以上殖民地部提及的各項措施，都是為了糾正他們對殖民地的無知。[124]

---

124 Information Department of Colonial Office, "Notes on Colonial Research", p. 13, January 1951, Document no. 3, CO 927/116/2.

17 外交及聯邦事務部的研究編制和方向

除了殖民地部建立的殖民地研究系統外，其他英國政府部門亦各自設立規模不一的研究單位，而外交及聯邦事務部便是其中一個例子。根據解密檔案顯示，英國外交及聯邦事務部的研究工作，是由數個發揮不同功能的部門來進行。[125] 大部分研究都是旨在提供與當時政治問題有關的資料和個案的分析。一般負責政策建議的部門通常會各自在部門內對相關文件和資料進行整理或研究工作，但面對需要深入理解和全面分析的課題時，便要借助研究處(Research Department)的研究服務。

研究處亦負責維持一個綜合的資料庫，內容主要是英國與外國和英聯邦國家的雙邊和多邊關係，以及國際機構及其關注的問題。資料庫的資料來源不僅來自海外使館的報告，也有來自非官方的，例如：海外電台的廣播、報紙和學術論文。研究部亦訂閱數百種的外國報刊和各種出版物。

研究處亦透過研究過往和目前遇到的問題，並分析其對目前政策的影響，來支援部內其他地域性和功能性部門(例如：金融、防衛和能源)，以及規劃參謀部(Planning Staff)的工作。

---

125 Research Department, "Research in the Foreign and Commonwealth Office", pp. 1–3, December 1979, Document no. 15, FCO 51/446.

由於研究人員進行的是專業研究工作，因此能夠起着集體記憶和延續的功能。

研究處的大部分工作都是回應部內其他部門的日常查詢，但亦不時需要為深入研究的專題撰寫較長篇和內容充實的報告。這些報告可以是應部內其他部門的要求而撰寫，亦可以是研究處自己提議進行的。經研究總監的批准後，報告便成為研究處的備忘錄，並作為恆常參考的文件。那些不是基於保密資料寫成的備忘錄，將會向社會大眾公佈。

研究處在1979年時，擁有91名編制人員(包括支援職員)，分屬以下四個區域：蘇聯和東歐、亞洲、中東和非洲、大西洋區域。[126] 區域之下，再細分為若干個組。研究處的研究員編制有46個，在1979年時實際有39名。[127] 研究員一職是由擁有碩士或博士學位的專家擔任，並大多能通曉外國語言。他們的區域分佈如下：

區域	組別	編制人數	實際人數
大西洋區域	歐洲	7	7
	美洲	4	3
	國際	3	2
蘇聯和東歐	蘇聯	5	4
	東歐	5	5
亞洲	遠東	5	4
	南亞和東南亞	5	4
中東和非洲	中東	6	5
	非洲	6	5

126 Research Department, "Research in the Foreign and Commonwealth Office", p. 3, December 1979, Document no. 15, FCO 51/446.

127 Research Department, "Summary of Activities September 1978–79", pp. 2–3, 9 October 1979, Document no. 12, FCO 51/446.

　　除了支援前線部門的日常工作外，大部分研究員都會按部
門的要求，就一至二個問題進行深入研究和撰寫論文報告。
研究員會按需要借調至首相辦公室，以及政府其他部門和駐
外使館工作。他們亦會向英國廣播公司職員和記者舉行簡報
會、與英國廣播公司監聽服務協調、以及經常親身參與廣播
監聽及其翻譯的工作。此外，研究員不單只代表部門與外國政
府的參謀官員作交流和參加聯合國的專家小組會議，亦出席政
府和學術的研討會，以及向主要是政府機構作專題演講。[128]

　　除了研究處外，外交及聯邦事務部內亦設有以下與研究有
密切關係的部門和顧問：[129]

1.　圖書檔案處：主要負責整理過往的文件和從檔案中找
　　出慣例，以及為檔案文件準備摘要。這部門下設檔案
　　科，主要保管外交及聯邦事務部、以及其前身部門(包
　　括殖民地部)的登記文件，並負責在眾多的檔案中追
　　查相關文件，以及提供部門所需的先例和其他特別的
　　資料。部內的圖書館收藏大量世界和英聯邦國家的資
　　料，而其職員亦會按部內或其他政府部門的要求進行
　　研究。再者，圖書館亦藏有頗為完整的英聯邦國家的
　　法律，當中有些甚至可上溯至17和18世紀。此外，這
　　部門也負責整理文稿和出版與英國外交有關的文件專
　　輯系列，例如：《英國外交政策文件，1919–1939》
　　和《英國海外政策文件，1945–55》。

128　Research Department, "Summary of Activities September 1978–79", pp. 1–2, 9
　　　October 1979, Document no. 12, FCO 51/446.

129　Research Department, "Research in the Foreign and Commonwealth Office", pp.
　　　1–6, December 1979, Document no. 15, FCO 51/446.

2. 印度事務部圖書檔案處：主要為收藏的檔案和文件編制目錄和使用指南。並以縮微膠片方式重印印度事務部與中東、西藏、緬甸和印度支那(Indo-China)有關的檔案，以及出版與印度獨立過程有關的檔案和文件。

3. 經濟處：向部內其他部門提供經濟分析的支援。已完成的研究項目有：緩衝存量的經濟學(economics of buffer stocks)、英國成為歐洲經濟共同體成員所引起的貿易轉向和貿易創造問題、債務償還問題。

4. 軍備管制和裁減軍備研究組：主要從事研究限制和減少軍備的國際措施，以及協助裁軍政策的制定。透過合約方式聘用民間專家，以及聯繫英國的大學和非政府組織，來從事限武和裁軍的研究。該組亦撰寫具前瞻性和行動導向的參考文件。

5. 地極組：該組並不進行原創性研究，但會密切注意對英國政策有影響的南北極科學研究活動，以及維持一個載有南極圈地名源革的目錄冊。

6. 法律顧問：負責提供法律意見和從法律觀點研究有關問題。

7. 歷史顧問：負責出版英國外交文件專輯的準備工作，並就其他部門的特別要求，對過往的事件提供資料和分析。

　　如果以研究的種類來區分，外交及聯邦事務部的研究可簡單分為：歷史研究、文件紀錄研究、運籌研究(current operational research)和法律研究。而政策規劃的工作，就是在以上各種研究活動和成果的基礎上進行。所有部內的研究都

是政策導向的，亦即是任何研究工作都是以支援和有利政策規劃的進行為主。而政策規劃又大可分為兩種但關係密切的作業規劃和陳述性規劃：前者是指那些涉及對迫切問題作出決策的規劃，後者則是指那些涉及潛在問題而需要策略思考的規劃。[130]

根據1979年4月的一份資料顯示，研究處正在擬備的研究文件中，有關亞洲地區的就有以下的17份，其中10份是與中國有關的：[131]

1. 1977年4月軍事政變後的阿富汗外交政策
2. 英國與澳洲的憲政關係
3. 澳洲的外交政策
4. 中國對非洲的政策
5. 1972年以來英國和中國關係中重要事件的日程表
6. 中國領導人的責任分工情況
7. 1949–78年中國和蘇聯的邊境貿易
8. 第五屆中國全國人民代表大會
9. 中國貿易的發展模式
10. 香港和中國人民政府的關係
11. 中國的條約和協議
12. 東南亞海外華人地位的演變
13. 中國對第三世界國家的政策
14. 恒河流域的水利問題

---

130 "FCO Research Interests", pp. 1–2 & 6, September 1977, Document no. W15, FCO 51/446.

131 L. J. Middleton, "Research Department Programme", p. 3, 23 April 1979, Document no. 4, FCO 51/446.

15. 日本的海外發展援助計劃

16. 俾路支斯坦(Baluchistan)[132]

17. 東南亞國家聯盟的結構

此外，隸屬於英國內閣辦公室(Cabinet Office)並負責評估和監督情報工作的聯合情報委員會(Joint Intelligence Committee)亦有從事研究工作。這可從一份由英國內閣辦公室負責評估情報工作的官員，向國防部防衛情報官員發出的信件得知一二。該信件的內容是涉及聯合情報委員會在1979年進行的長遠研究計劃，主要包括：美蘇的軍事戰略和能力、英國本土的安全、德國的防衛政策、東歐國家的內部發展和問題、中國與西方和蘇聯的關係、非核國家的核武器發展。該信件亦附有一份印有只讓英國官員過目的秘密文件，顯示在1978年發表了10份研究報告，當中有一份名為《中國對香港的威脅》(The Threat from China to Hong Kong)，惟只有報告的名稱，因此無法得知報告的內容。[133]

---

132 俾路支斯坦是指位處西南亞伊朗平原附近的地區，分別屬於巴基斯坦、阿富汗和伊朗所管轄。

133 P. M. Maxey's letter to K. W. B. Gooderham, 19 March 1979, Document no. 3, FCO 51/446.

18 監察香港政府施政的英國外交及聯邦事務部常務委員會

英國外交及聯邦事務部主管香港事務的官員在1976年時，與香港政府共同制定了一份就香港未來五年發展的政策規劃文件。[134] 為了確保這份政策規劃文件的執行，外交及聯邦事務部為此成立一個常務委員會。負責此事的是時任外交及聯邦事務國務大臣 Goronwy-Roberts，他在1977年7月1日致外交及聯邦事務大臣的備忘錄中，說明這個委員會的起源、目的，以及評價香港政府在推行政策規劃文件所載列事項的成績。[135]

該備忘錄首先指出，英國外交及聯邦事務部與香港政府在1976年同意通過一份政策規劃文件，列出未來五年(亦即1976年至1981年)香港在社會、勞工和有關問題上的進一步發展計劃。港督亦於1976年10月在立法局宣佈了這些計劃的大綱。

Goronwy-Roberts在備忘錄中表示，他在1976年9月成立一個常務委員會，負責監察香港政府推行這些計劃的進度。該委員會的主席是外交及聯邦事務部副次長(Deputy Under-Secretary of State)Hugh Cortazzi，每三至四個月開會一次，並向

---

134 其實，港督麥理浩對這份規劃文件是不滿的，詳情可參看本書第 4 章。

135 Goronwy-Roberts' minute to the Secretary of State, 1 July 1977, Document no. 92, FCO 40/755.

外交及聯邦事務國務大臣負責和報告。委員會的正式成員包括：海外勞工事務顧問、高級經濟顧問、以及香港及總務科的成員。如有需要，外交及聯邦事務部其他科的代表會被邀為增補成員。委員會已舉行三次會議：分別在1976年10月、1977年2月和5月。雖然港督沒有明確同意設立該委員會，但他是知情的，並收到該委員會的會議記錄。香港及總務科是負責就委員會的建議進行跟進工作，通常都是由國務大臣就委員會關注的事情，致函港督查詢。

　　該委員會成立以來，曾就一系列課題作出研究，但就對以下的問題特別重視：勞工問題(包括：Turner教授的勞工關係研究、童工、香港政府執行國際勞工組織公約的情況、在香港事務上與英國工會聯合總會的關係)；財政問題(香港1977–78年度財政預算、稅制、公共開支水平)；香港行政和立法兩局的結構問題；社會問題(香港公共援助計劃、中學教育的發展、毒品和貪污問題)。

　　Goronwy-Roberts在備忘錄中續稱，成立該委員會是要達到以下兩個目的：確保香港政府是不斷地知道外交及聯邦事務部所關心的事情，那就是香港政府在社會和勞工事務上能達成最快速的進步；以及外交及聯邦事務部在特定的事情上，向香港政府提供有用的意見和鼓勵。該委員會的存在亦便利外交及聯邦事務部就廣泛的問題，與香港政府進行更多的諮詢；而過往外交及聯邦事務部在處理香港事務的其中一個弱點，便是與香港政府缺乏「溝通」(原文有引號的)。香港和外交及聯邦事務部已建立持續的對話，討論那些為香港市民最佳利益而必須採取的措施。

　　Goronwy-Roberts亦在備忘錄中表示，雖然有許多事情已

經達成，但他不滿意香港政府目前所取得的進度；他亦認為
過去一年的成績在很大程度上是這個委員會所作的貢獻。他
更透露，已要求委員會繼續監察香港政府執行這些計劃的進
度，和讓他知道任何進度不如預期的事情，尤其是外交及聯
邦事務大臣關注的童工問題，以及找尋改善香港大眾命運的
其他方法。

　　最後，他表示自己目前特別關注在香港建立一個更具生
產力和更公平稅制的需要。香港對部分非勞動所得(unearned
incomes)並沒有開徵直接稅，而所得稅的最高稅率是15%。香
港絕大部分人口是不用交稅的，而香港政府目前擁有充裕的
資源，來支持增加的社會福利和發展。不過，他就認為這是
有理據去增加稅收的，以確保明顯是富裕社會的香港，不存
在像1973–1974年度那樣因缺少財政資源而要削減社會計劃開
支的風險。最近對香港稅務制度的檢討並沒有提供一個向前
行的路向，而那個檢討委員會更拒絕接受財政司設立股息預
扣稅(dividend withholding tax)的謹慎提議；他已去信港督就未
能向全面稅制改革邁前一步，表達關注，以及要求港督就此
發表意見。

　　外交及聯邦事務大臣在7月7日回覆時簡單地表示，他完全
同意Goronwy-Roberts在備忘錄中所提及的各點，尤其是稅制
問題。[136]

136　Secretary of State's minute to Goronwy-Roberts, 7 July 1977, Document no. 93,
　　FCO 40/755.

19 港督戴麟趾不滿英國政府過度介入香港內部事務

英國保守黨在1970年6月18日贏得大選，黨魁希斯(Edward Heath)取代工黨的威爾遜(Harold Wilson)出任英國首相。霍姆(Alec Douglas-Home)被任命為外交及聯邦事務大臣，而他上任後便要求香港政府優先處理某些政策，引起港督戴麟趾的極度不滿。有關人士更認為，如果催促得太緊的話，戴麟趾可能會因此而辭職。戴麟趾顯然對倫敦新政府的要求，不以為然，並認為英國政府干預了他的職權和香港政府的內政。

這件事情是由新上任的外交及聯邦事務大臣霍姆，在1970年8月3日向港督戴麟趾發出的一封信件所引起。[137] 霍姆在信中首先表示，當時還未當首相的希斯在1970年初，對在訪問香港期間所看見的事情甚感興趣；回英後，囑咐保守黨對香港及其問題進行專題研究。由於現已由保守黨執政，他也成為外交及聯邦事務大臣，而香港事務是其職責的一部分，所以去信讓戴麟趾知道他對香港的想法。

霍姆跟着指出，對於戴麟趾及各任港督帶領香港應付戰後所面對的困難，表示讚賞；並認為這是個驚人的成就，但可惜在英國就不太被注意，亦沒有給予香港及其居民太多的讚

137　Alec Douglas-Home's letter to David Trench, 3 August 1970, Document no. 4, FCO 40/261.

揚。他又表示，他和他的外交及聯邦事務部同事會把握機會將這些錯誤糾正。

霍姆坦然承認，香港從貿易中心轉型為製造中心的其中一個影響，就是香港利益與英國社會利益發生衝突的情況必然增加。在這種情況下，他有特別責任令英國政府考慮香港的利益，以及在政策決定時，香港的利益會經常被小心衡量的。

霍姆在信中續稱，英國回應香港因不斷發展的情況而出現的需求，應該是可見的。因此，他認為有三個社會問題的改善是有可能和重要的。首先，是教育問題。他指出，盡早實施免費的強迫小學義務教育，會幫助改善香港在英國和其他地方的形象。這個新計劃可以令最貧窮家庭的兒童不需要為了幫補家計而工作。他表示知道推行強迫小學義務教育的所有實際困難，但認為因為這個理由而延誤推行這項重要政策是不能使人信服的。

其次，是房屋問題。對於香港政府在過去十年為香港市民提供居所的驚人成績，希斯首相表示最為深刻。不過，希斯亦向他強調，希望增加建屋的速度，為餘下的50萬臨屋居民提供居所。他要求戴麟趾為此事進行專題研究，並向他報告研究結果。

第三個問題是設立向國會負責的行政專員(Parliamentary Commissioner for Administration)或冤情大使(Ombudsman)。他要求盡快設立冤情大使或類似的組織。他知道部分行政立法兩局非官守議員懷疑是否有需要設立這個職位，並認為因為香港是殖民地的關係而無法跟從向國會負責的模式。但他認為，香港是獨特的，沒有必要完全複製在其他地方演變出來

的制度。然而，冤情大使的概念是非常適合香港的情況。當
然，冤情大使必須與正常的政府架構分離，並向港督個人負
責。英國行政專員的活動是有一定的限制的，而香港的冤情
大使亦需要考慮設置甚麼限制。他表示，正為這個計劃安排
諮詢英國的行政專員，並會盡快讓戴麟趾知道在諮詢後的外
交及聯邦事務部意見。與此同時，他亦要求戴麟趾考慮向非
官守議員們重提設立冤情大使一事。他更表示，如果此事可
以緊急處理的話，將會有很可觀的回報。

　　最後，他表示已同意外交及聯邦事務部次官萊爾(Anthony
Royle)在10月訪問香港，並就信中提及的事情與戴麟趾接觸，
以及希望最遲在萊爾到訪香港時，可以宣佈有關小學教育、
加快建屋計劃和任命冤情大使的決定。

　　雖然戴麟趾在9月17日才作出回覆，但外交及聯邦事務部
香港科官員 E. O. Laird 已在9月3日、4日和11日在香港與戴麟
趾見面，並在9月15日以書面向外交及聯邦事務部官員報告有
關戴麟趾對上述外交及聯邦事務大臣信件的反應。[138] Laird首
先提及在9月3日下午在粉嶺與戴麟趾見面時的情形，在場還
有其他香港政府的官員。由於是第一次見面，所以他故意不
談及任何實質問題，但戴麟趾卻表示有太多來自倫敦的指手
劃腳事情(back seat driving)。Laird 指出，戴麟趾有談及萊爾訪
問香港一事，但與他在電報上所給予的意見是完全不同的。
戴麟趾向 Laird 解釋稱，在萊爾到達香港的當天，已確定要與
立法局開會，因此他和所有高層政府官員，以及立法局非官
守議員都未能接待萊爾。戴麟趾表示這是錯誤的，但希望萊

138　E. O. Laird's minute to Mr Wilford, L. Monson & Miss Deas , 15 September
　　1970, Document no. 5, FCO 40/261.

爾體諒；戴麟趾更表示，由於要親自陪伴出席哥爾夫球錦標賽的來賓，他與萊爾會面的時間便會減少，但他會盡力確保萊爾有個有用和愉快的訪問香港之旅。

翌日，在參加港督與部門首長的每週例會後，Laird 便與港督和署任輔政司進行了首次的實質討論。在提及是受萊爾所託，商談外交及聯邦事務大臣8月給港督的信件時，戴麟趾便向他大發雷霆，並顯得十分煩亂。以下是 Laird 引述戴麟趾對該信件及所提及問題的反應：

1. 外交及聯邦事務大臣的信件是突然從天而降，事前沒有人向他提及；
2. 沒有倫敦政府官員可以命令香港政府如何處理其內部事務；
3. 外交及聯邦事務大臣在信件所提及的建議全無新意，而這些建議已經在香港被反複討論至令人厭煩的地步；
4. 對教育問題的掌握是過時的；
5. 建議的房屋計劃是不切實際的；
6. 行政局已經決定不設立冤情大使的職位。

不過，戴麟趾表示香港將在明年(1971)初推行免費小學教育，但強迫小學義務教育就未能實行。原因包括：共產黨學校會製造可能引致與中國大陸發生麻煩的事端；如何處理漁民家庭的兒童呢？香港政府沒有能力執行一條推行強迫小學義務教育的法律，以及戴麟趾沒有準備為此而提出建議。至於房屋問題，戴麟趾指出香港經常都有一個應急計劃；當時

已有40%人口住在政府融資或資助的房屋。由於欠缺物料和人力，因而無法加速建屋的能力。過往的主力是集中放在盡快給予市民「有瓦遮頭」(a roof over their heads)，但目前的問題是為已獲徙置的居民提供設施，尤其是吃飯的地方。對於設立冤情大使的職位，戴麟趾表示行政局是反對的。行政立法兩局非官守議員辦事處已經開始運作暢順，而非官守議員比冤情大使更有能力做更多事情。戴麟趾亦重提一個陳年的論點，那就是極之困難尋找適合此職位的人選。戴麟趾亦表示，他自己本身原先是傾向支持設立的，但目前他是反對的。

在摸索如何回應戴麟趾的批評時，Laird 強調該封信是希望幫助香港政府，改善其在世界的形象。由外交及聯邦事務大臣發出這封信，事實上是明確顯示英國新任政府對香港的重視。Laird 表示自己在會上很少回應房屋問題，但在談及教育時就指出，鄰近香港的絕大部分國家都實施強迫小學義務教育，並說明只要預先詳細解釋新的冤情大使的職權範圍，以及是如何發揮其作用，那麼創設這個新機構是利多於弊。但戴麟趾回應說，如此解釋給香港市民是不大可能的。由於戴麟趾有另一約會，故未能有足夠時間深入討論，需要再安排另一次詳談的時間。

Laird 亦在報告中提及，在9月5日與路過香港的英國駐北京臨時代辦譚森(John Denson)和 Mr Howells (身份未能查證)共晉晚餐。譚森透露曾與戴麟趾會面，並說港督顯得極度抑鬱，尤其對香港因為英國申請加入歐洲經濟共同體而要面對的問題，以及英國干預香港的事務；而 Mr Howells 認為如果逼迫太緊，戴麟趾會到達覺得要辭職的地步。

Laird 表示在9月7日接到戴麟趾的訊息，相約在9月11日首

先與部門首長作簡短會面，然後再與戴麟趾詳談。他亦於9月7日中午在香港會(Hong Kong Club)與副輔政司祁廉桐(Michael Clinton)和銓敍司(Establishment Secretary)Mr Kidd共晉午餐。祁廉桐首先提到外交及聯邦事務大臣信件的問題，而Laird便趁機作出說明，指出香港最重要的是接通世界的市場。反對給予香港享有與其競爭對手相同的條款，無疑是因為香港的生產效率，而香港「血汗工廠」(sweat shop)的形象則是個次要的因素，那怕是不公平的指控，但就不能忽視。因此，要考慮進行任何能夠改善香港這個海外形象的工作。祁廉桐則回應說，他們在外交及聯邦事務大臣的信件中，並沒有得到這個印象。

　　Laird 在9月11日再次與戴麟趾會面約兩小時，而民政司何禮文(Ronald Holmes)亦有在場，但他在會面的最後半小時先行離開，好讓 Laird 有機會與戴麟趾作單獨會談。戴麟趾再次講出為甚麼收到外交及聯邦事務大臣信件而感到驚訝的原因，並認為信件是無視自1958年以來，立法局已被授予權力負責香港財政事務職責的憲法地位。除非獲得立法局足夠的撥款，沒有一項在外交及聯邦事務大臣信件中提及的計劃是可以實行的。戴麟趾不認為在當時還可以仗着立法局官守議員的多數，強行通過非官守議員不贊同的政策措施。戴麟趾不斷提及外交及聯邦事務大臣信件中的「類近命令」("half orders")。他認為這是個不好的處事方法，並指出在殖民地部還是負責香港事務的時候，已經有朝向這個方向的趨勢，亦憂慮在殖民地部、聯邦事務部和外交部合併後，會發生類似這次的事情。他希望這種事情不再發生，以及事前的諮詢是緊要的。

　　幸好此時何禮文說這只是個誤會，Laird 連忙表示同意。戴麟趾跟着便詢問他有何對策，但在猶豫一會後，便拿出一封寫給外交及聯邦事務部常務次官 Denis Greenhill 的信稿給 Laird 過目。該信稿大概是在戴麟趾的指示下由輔政司署所草擬，而戴麟趾亦曾在若干處作出修改。信稿中充滿極度激情、悲痛和有些地方是粗魯無禮的，可說是外交及聯邦事務部在過去數月來未曾收過如此壞的香港來函。Laird 在閱畢該草稿後，建議不要寄出，並認為先讓他回倫敦向外交及聯邦事務部次官萊爾解說港督的感覺會比較妥當。戴麟趾接受，並再向 Laird 展示另一封長信的草稿，內容是涉及外交及聯邦事務大臣信中提及的三個建議的詳細回覆，內容大致是描述事實，但有一至二個不必要的評語。戴麟趾在這封信中解釋稱，香港很快就會實行免費小學教育，但推行強迫小學義務教育就有困難，理由是共產黨學校便因此要制訂課程大綱，而這便會引致香港政府與中國政府發生糾紛。這亦包括有某些個案是涉及檢控家長的。信中亦對建屋困難有合理的闡述；對設立冤情大使的立場開放，但就清晰地表達不應在目前設立。戴麟趾更表示，要在外交及聯邦事務部次官萊爾到訪香港前，把香港政府的意見讓倫敦知道，而 Laird 亦同意草稿信上有些重點是可達成的。

　　最後，Laird 認為已達成取得戴麟趾信任的目標。因此，在何禮文離開會議後，他與戴麟趾單獨會談時，戴麟趾便能夠談及一些個人憂慮。戴麟趾覺得疲累和感到不舒服；到他手中要處理的公文，既有恆常涉及行使分配職權的事情，也要就不可能解決的問題，作出表態。他亦要處理其他人提請他處理的各種事情，例如賽馬會的問題。Laird 表示在當天餘

下的時間和在翌日上午再見面時，詢問了港督其他問題，而
有關這些問題將會另行提交報告。

戴麟趾在1970年9月17日回覆外交及聯邦事務大臣霍姆的
信長達10頁，信中首先感謝霍姆對香港的保證；繼而認為要
做些事情能夠增強香港有份感覺，讓香港覺得確可在各方面
依賴英國的有形支持，這對於確保香港的事務不致惡化變質
的任務，有着極大的價值。[139] 在展開討論霍姆信中提及的三
大主題之前，戴麟趾重申這些問題多年以來都是經常進行仔
細和綜合研究的主題，絲毫沒有在任何時間被忽視過，但當
然在踏出每一步時都要非常小心，這是香港社會的其中一個
特點。除了香港這個場景是先天複雜之外，所有行動都易於
產生不能預見而帶有傷害的副作用，哪怕是已經基於盡可能
有的知識而作出的深謀遠慮。這是從長久和有時是慘痛的經
驗中學習得來的，最近的例子便是物價上升和由此而引起的
廣泛批評，並波及由前任外交及聯邦事務大臣的催促下和最
近才提出給予某類僱員權利享有每月4日假期的立法。從簡單
的因果關係來看，這項立法應該不會對物價有太大影響，但
就被理解為是導致物價上升的元兇；由此又產生更深遠的影
響，那就是勞工立法將會更難取得進展。

香港並不是一個可以妄下判斷、或是好心做壞事、或是實
行粉飾櫥窗措施、或是輸入外來的想法但沒有思考是否適合
本地特殊情況的地方。如果香港政府有時被看似在某些範疇
運作緩慢，而行動似乎被外間視為落後，這並不是因為香港
政府沒有思考這些事情，而是因為要依據現實和謹慎行事，

---

139 Governor's letter to the Secretary of State, 17 September 1970, Document no. 6,
FCO 40/261.

以確保任何的計劃都實際達到目標，以及在最小的負面反彈下達成目標。

戴麟趾更指出，這或許是過度用心來描述上述的要點，但這是想向外交及聯邦事務大臣保證香港整體公務員是具前瞻思維和高度專業而又懂於謹慎行事的組織。因此，香港政府是在充份考慮後才決定做還是不做甚麼事情，亦不會錯過研究任何值得跟從的對策。香港政府認為在香港這種情況下，長遠來說現實主義比追求海外形象來得明智，哪怕會因此偶然遇到不受歡迎的批評。香港政府在過去的歲月裏亦認識到，香港的持平意見認為少數最要反對的事情，莫過於是為了跟從外地習慣而引入不適合的措施。由於戴麟趾把外交及聯邦事務大臣在信中提及的特定問題設定在上述背景下討論，因此戴麟趾希望得到外交及聯邦事務大臣的原諒。

戴麟趾首先解釋稱，香港政府在教育方面所取得的進展或許已超出外交及聯邦事務大臣所注意到的。為所有渴望的人提供小學免費教育已經是過去最少15年來的明確目標；而在這段時間，學費已經是大幅減少；只是到最近才達到全面免收學費的基本情況和建設所需的基礎設施。因為要滿足自1940年代後期迄今增長4倍的人口要求，所以興建基礎設施是需要時間的。

在得到立法局同意後，戴麟趾希望和預期所有由政府營辦或資助的小學會在1971年初取消全部費用。資助小學的學位將足以容納佔六分之一人口的適齡小學兒童：所需的老師應該可以找到，並且在1971年初輔之以教育電視廣播來教學，以及香港經濟能夠承擔因免除每年每學生27元學費所帶來的每年1,500萬元的開支，前提當然是政府收入不會因來自不同方向的貿易限制而急劇轉壞。

香港政府亦已考慮大力擴展小學後教育的開支(非經常性開支2億5千萬元和經常性開支每年6,300萬元)，目標是為所有渴望的人提供3年資助小學後的教育，並已獲得立法局財委會接納。因此，戴麟趾認為只有在目前才可繼續前行。

當然，強迫小學義務教育只有在引入免費教育後才可真正實行。即使如此，所有政府得到的專業意見，不管是來自教育署、非官方的教育工作者或訪問香港的專家，都反對在目前引入正統的全面強迫教育的措施。這種強迫教育在香港仍然是不能執行的，不能執行的程度令任何這些措施都變成鬧劇。小學的上下午兩班制，雖然可以應付學生的數量，但就令曠課的學生很難被識破。此外，香港有大量的漁民和艇家，他們有時以香港為基地，有時就以中國內地為基地，這種情況是難於在法例中有所規範；還有小部分住在偏遠村落的兒童，我們可以協助他們上學，但就不容易迫使他們上學。再者，其他深植於華人態度和習俗的社會因素，亦使得在目前便想全面推行的強迫小學義務教育，被為數令人擔心的人士所憎恨和反對。

戴麟趾同時指出，這亦涉及共產黨學校的問題。因為要達成法律的要求，這些學校的課程就必須正式被接納為滿意，但大家都知道這些課程是不被認為滿意的。要接納那些認為可接受入讀共產黨學校的意見，可能與拒絕這種意見般損害公眾信心，以及要強迫兒童入讀其他學校，便可能損害我們與中國的關係。

如果實施這種措施的話，只會是個公認的粉飾櫥窗措施，不能廣泛推行。戴麟趾並認為，香港的律政官員是不會推薦這個立法議案的。

因此，戴麟趾在收到外交及聯邦事務大臣的信件前，已指示進行研究一個帶有調解意味的替代機制的可行性，這個替代機制既可被律政官員、教育界和公眾意見所接受，也可讓香港政府涉及少些危險。在這個替代機制下，例如當社會福利署或志願團體的社工，或勞工處的督察，遇到兒童被不必要和故意剝奪接受小學教育的個案時，他們在諮詢教育署後會設計一種適合該兒童及其家庭環境的安排，盡力說服其雙親接受。如果不能說服的話，就會讓裁判官就該個案作出判斷，如果裁判官滿意有關安排，便會頒布決議，要求兒童的雙親遵循有關安排。

作為一個起步，這種處理方式可以讓香港政府得到一個彈性強迫制度的所有要素，而去除較為正統的全面立法所帶來的弊端。不過，戴麟趾強調，這個想法還未經完全檢驗，因此在推出前還需要仔細研究。

戴麟趾指出，在所有教育問題上，需要緊記香港有50.7%的人口是在21歲以下，而有37.9%的人口是在15歲以下。因此，為所有這些人提供教育的困難比在英國的多好多倍；英國的教育體系已經樹立了數十年，但香港就想在很短時間內和在更大比例的數字上趕上英國的水平。

至於房屋問題，戴麟趾立即便表示，在持續不斷對房屋所做的研究之上，已經不用再做任何研究，便可知道不用再推行進一步的應急建屋計劃。他指出，香港政府自1954年以來在房屋所作的努力，已達成和繼續營運一個以任何標準來看都是具規模的應急計劃。目前，有超過40%的香港整體人口是政府資助房屋的租戶；至1975年時，在現有建屋計劃之下，該數字會升至50%。而整個計劃是由政府收入所支付，

只有極少部分是外間的幫忙。其次，已經執行約16年的強制性清拆臨屋計劃，當然不是純粹為了達成掃除和安置臨屋居民的目標，更沒有把所有臨屋居民必須強制地掃除和安置的公認原則。基本上，執行清拆臨屋的原因部分是為了釋放土地，以建築有迫切需要的道路、學校和醫院，部分是為了消除火警風險、衛生風險和骯髒。在追求這些目標時，優先次序會因時間不同而有所不同，直至目前為止，臨屋居民的安置已搶佔整體政府資助房屋計劃的大部分資源。

戴麟趾認為要在這樣的背景下，來審視目前的情況。大部分最需要但被非法佔用的土地已經被收回，而好像1950年代那樣規模的木屋大火是不可能在今天發生，以及餘下多是處於市郊的臨屋區環境，在骯髒和衛生風險上，並不可與那些在過去是大規模清拆重點對象的地區來比較。

另一方面，戴麟趾指出城市的房屋環境在很多時候都遠比臨屋區為差。這些住客，以及那些不用被強迫遷拆的臨屋區合資格居民的居住環境，是可以透過正規的公共廉租屋系統得以改善；在這系統下，那些有最大需要的居民便可在合理基礎上特意被挑選給予安置。相反地，臨屋清拆計劃由於是強迫清拆，所有住在清拆地區的居民都必須獲分配受資助的居所，而不需考慮他們的個人資產(他們並不是所有都是貧窮的)、需要程度、甚或意願。

戴麟趾更表明，以當時情況而言，要安置餘下的臨屋居民而再推行應急的建屋計劃的要求並不多，反而是要求建屋重點由臨屋安置轉變為正規的廉租屋；以及也許實際是要求在未來數年絕對減少興建政府資助房屋的總量。他認為要求資助房屋減產的原因有三：建築地盤的缺乏、建築行業的嚴重

超出負荷、和公屋對於私人投資的影響。首先，未來的屋邨
將會建在較遠和不方便的地區，因此並不像以往建在市中心
的房屋那麼受歡迎；而大規模在郊區進行強迫清拆臨屋，將
會越來越遇到反抗。哪怕是透過正常甄選方法的廉租屋，也
要放寬申請資格和準則，令這些屋邨有個合理的入住速度；
但建屋速度越是加快，所帶來的困難便越多，理由是房屋向外
延伸的速度，遠超工廠發展及所帶來的工作機會的增長速度。

其次，就是建築行業的容量。由於建築業在1965年至
1968年間的衰退，引至不少建築工人轉職至工廠，加上目前
建屋計劃的單位成本大幅上升，將會引致危險的通脹壓力，
原因是本地的建築活動與出口工業的需要，引致互相競爭稀
有的勞動力和資源。

第三點是關於對私人投資產生的消極作用。由於政府的大
規模建屋計劃，使得商界參與房地產的嘗試變得不可能。這
不僅阻礙為社會帶來穩定的置業行為，亦在公共房屋中製造
在私人發展的自然環境下不會發生的社會問題，而這個問題
是越來越引起關注。

戴麟趾表示，他只想在這封信中指出側重點和先後次序的
微妙平衡應該放在哪裏，並希望已說明那些已仔細研究的問
題，以及有強烈理由反對任何擴張目前已經十分龐大的建屋
計劃，而擴張臨屋安置的部分更是沒有道理。

至於設立類似向國會負責的行政專員(冤情大使)職位，戴
麟趾認為非官守議員是不太反對這個主意，但就確信以香港
當時的環境是可以提出一個有別於正統但又更適合和更有效
的方案。如果要向總督彙報，香港人是難於理解一個正統行
政專員並不是政府架構的一部分；如果不用向總督彙報，行

政專員便成為一個超級總督。再者，非官守議員亦指出，該
行政專員要在某種法律限制下運作，哪怕是目前香港政府在
立法草案所擬定的較少限制方式，將會很快導致這個制度被
藐視，理由是相當大量向行政專員作出的投訴，是與行政失
誤無關的，反而是與挑戰現行政策和請求個人權利有關，對
於這些事情行政專員是會馬上拒絕受理的。戴麟趾指出，香
港政府目前嘗試建立的制度，並沒有那麼嚴重的缺點。

　　戴麟趾亦指出，要物色適合人選以履行這些職責實際上是
非常困難的。香港政府在物色行政立法兩局非官守議員辦事
處的秘書長時，已經遇上極大的困難，何況這已是個較容易
填補的職位，只要求具備類似但低一級水平的能力。不過，
設立行政專員這個建議是要時刻謹記的，以防改組和增強後
的兩局非官守議員辦事處未能提供預期中的更好解決方法。

　　戴麟趾在信末表示，信件是難以用來說明複雜的事情，哪
怕是這封長信亦只能作粗略的陳述，因此他希望在當年秋天
回英國渡假時，有機會就這些問題和相關事情，與外交及聯
邦事務大臣見面詳談。

　　面對如此重大的政策分歧，外交及聯邦事務部次官萊爾
於10月11日在香港單獨與戴麟趾會面後，把達成的共識寫成
書面記錄，向外交及聯邦事務大臣報告。[140]　會面記錄的草稿
首先指出萊爾訪港與戴麟趾單獨會談，是關於戴麟趾在9月17
日就外交及聯邦事務大臣8月3日信件的回覆。他向戴麟趾表
示，外交及聯邦事務大臣是不會聽任事情如戴麟趾在信中所
建議的那樣處理。英國新政府認識到香港政府已做了很多事

140　Draft Record (for the Secretary of State) of Mr Royle's Private Conversation with
　　the Governor on 11 October 1970, Document no. 7, FCO 40/261.

情，並不要求香港政府急進地加速，但就要求維持發展的動力，以及動力的維持是被看得見的。這將有助外交及聯邦事務部幫助香港。

該份會面記錄草稿指出，雙方經商討後達成戴麟趾信中所提及三個課題的協議。首先是小學教育，戴麟趾認為他目前的方案是可以表述為在香港特有情況下的強迫小學義務教育，以及同意從公關角度來看以積極態度來表述是百利而無一害。戴麟趾打算在未來也是這樣做，其實他在10月1日立法局宣讀施政報告時已是如此地表述他的小學教育計劃。

至於房屋方面，萊爾稱外交及聯邦事務部承認港督信中所提出反對把房屋計劃集中在掃除餘下臨屋區的論點是有根據的，但臨屋區是經常引致遊客和其他訪客發出損害性批評的起因；由於首相個人對這個問題的關注，外交及聯邦事務大臣是不會讓這件事就此擱置不理。外交及聯邦事務大臣只是要求香港政府提交一個全面的房屋問題研究報告，但港督表示這些事情的討論是不可以繞過屋宇政策研討委員會(Housing Board)。萊爾和戴麟趾都同意把問題發回屋宇政策研討委員會再作討論，以及深入研究那些位於不需發展的官地上的臨屋居民問題，因為這是所有餘下問題之所在，而其他住在需要發展的官地上的臨屋居民是按正常程序獲得安置。雖則戴麟趾對能夠提早和全部消除臨屋問題並不抱有希望，但如果可以克服地理和其他物質問題，大概是可能透過政策的改變或延伸，以尋找一些可接受的方法，來安置住在不需發展的官地上為數約55萬的臨屋居民。如果這些臨屋居民希望的話，他們當然是可以申請廉租屋。

至於設立冤情大使的問題，戴麟趾表示增強後的行政立

法兩局非官守議員辦事處運作了兩個月，並且表現良好，因此恐怕在目前展開新的實驗會影響辦事處的發展，而戴麟趾相信香港的實驗很可能得到較冤情大使更好、更具彈性和更有效的解決方法。但萊爾指出，他不想無了期地等待檢討的來臨，因此約定在9個月內進行。此外，萊爾亦提議按照經驗可考慮把條例草案給予冤情大使的功能，加進兩局非官守議員辦事處之內，並給予辦事處秘書長一個經適當地提高的地位。戴麟趾亦表達不喜歡冤情大使這個名稱，並指出在當時的條例草案上是使用行政專員(Commissioner for Administration)的名稱，而萊爾同意這名稱是適合的。

最後，該會面記錄草稿提及地方政府問題。[141] 萊爾表示，外交及聯邦事務部對任何修改後的地方政府制度的結構，並沒有強烈意見，但就樂見在最短時間內作出決定。戴麟趾回應稱，有關改革建議預期在他即將來臨的休假期間送交行政局；他亦已安排專責此事的官員，在其離港休假前的最後一次會議上，詳細解釋有關的問題。由於主要的決定已經在官方層次作出，這些問題必定已有詳細資料的。

值得注意的是，為何要把萊爾和戴麟趾雙方同意的要點寫進這份會面記錄的草稿，並且最終取得港督的同意，以及分別各執一份呢？依據外交及聯邦事務部官員在另一份文件中透露，這樣做是要確保香港政府在未來對已承諾的事情不能賴賬，尤其是要令香港政府充份明白涉及已承諾事情的時間期限。[142]

---

141 這裏指的是市政局改革。

142 L. Monson's Note for the Record, 21 October 1970, Document no. 8, FCO 40/261.

20 英國與香港在 1970 年代的矛盾

　　隨着經濟發展和海外貿易的增加，尤其是紡織製品的輸出，香港憑着價廉物美的優勢，直接與英國的國際和本土市場的相關商品競爭。在1960年代末，歐美發達國家為保障各自的本土市場，紛紛透過雙邊或多邊談判，設立貿易關卡，限制當時來自日本、香港、台灣和韓國的紡織產品。由於英國當時正申請加入歐洲經濟共同體(歐共體，European Economic Community)，如果英國真的獲准加入歐共體，香港的有關貿易和關稅優惠將會被取消。上述的貿易爭執，只是英國與香港間眾多矛盾之一，突顯了英帝國和香港殖民地間在政策的公正性和權力的不對稱下所誘發的緊張關係。

　　在上述的背景下，作為外交及聯邦事務大臣的Michael Stewart，於1970年4月訪問香港。外交及聯邦事務部香港科便為此行準備一系列的背景資料簡介，當中有一份名為「與香港的關係：香港的態度」，最能反映當時矛盾之所在，以及雙方的態度。[143]

　　該份簡介首先指出，英國與香港在1960年代的關係並不全然是愉快的，並表示過去在軍費分擔和軍事用地的爭議上，亦曾令倫敦和香港的關係變壞。該簡介更認為目前這種

143　Hong Kong Department, "Relations with Hong Kong: Local Attitudes", April 1970, Brief No. 13A, FCO 40/315.

不滿意識，主要是由於香港日漸覺得，英國不單不以香港的成就為榮，更認為香港是一個麻煩和障礙物。在戰後的歲月，英國並沒有提供重大的財政援助，致令香港單獨地面對因中國內地湧入大量難民所產生的龐大問題。與此同時，英國被視為在貿易和財政上給予香港一連串的打擊：從1959年開始，限制香港輸往英國的紡織產品；1964年的入口附加費；1966年的增加軍費的分擔；1967年的英鎊貶值；1968年的進口保證金計劃；以及1969年的向來自英聯邦地區的入口紡織產品徵收關稅的決定。英國以上這些行動，被視為不關心香港的利益和她所面對的特別問題，亦象徵英國作為宗主國不在乎與香港殖民地的特殊連繫和關係。

對於造成香港有這種「被遺棄」("unwanted")的感受，該簡介指出是由於英國自蘇彝士運河以東減退承擔和自新加坡撤軍所引致，縱使英國透過公開宣佈維持香港駐軍的實力和效能，來嘗試抵消這種感受。

與此同時，在外間最少的援助下，香港在過去十年取得驚人的經濟成長和物質進步，導致香港參與公共事務的著名人士感覺有信心，縱使有中國的複雜因素，香港是有能力自主，以及比任何獲准邁向憲政改革的英國屬土更有能力維持自治的狀況。因此，獲得在非共產黨報章上表達的民意支持下，香港的非官守議員傾向要求英國不應介入香港的本土事務。正如港督最近向外交及聯邦事務部提交的報告所言，「對任何可以被理解為外來指示的事情，這裏〔香港〕都是非常敏感的」("general sensitivity here to anything which could be construed as outside direction")。

該簡介更指出，行政立法兩局非官守議員簡悅強曾經被報

導引述稱，香港的本土事務是由倫敦所遙控的；以及鍾士元在1970年2月11日立法局稱道：我確信香港政府應該被賦予全權去為內部事情作決定，以便香港可以根據自己的意見來採納合乎整體社會利益的措施。鍾士元上述的評語是在討論香港行使權力批准婦女夜班工作時提出，他亦指控英國政府在香港政府行使這個權力時強加一些限制；但該簡介補充稱，這些權力其實是要與英國商議後才行使的。該簡介認為，這些議員的評語當然是極之誇大和感性的言辭，但這都顯示出一種表示香港知道甚麼是對自己好的強烈態度，尤其是對香港頗獨特的經濟。

該簡介更認為，以下三項因素或許在過去兩年已增強了這種態度。首先是香港和英國在國際紡織產品政策上的利益衝突是明顯地出現，因為香港是一個主要紡織產品的出口地，而英國則是一個主要入口和本地生產者。這就引起香港要求擁有最大可能的自由，來處理香港的商業關係，以及用明文的協定來劃分負責任的範圍。而香港越是出口優質和高檔商品，越是會成為英國的本土和海外市場的競爭對手，尤其是紡織產品。

其次是英國政府最近數年着重歐洲的政策及對香港的影響。英國成為歐洲自由貿易聯盟成員後的其中一項影響，就是其他成員國的大部分產品是免稅輸入英國的，但來自香港的部分產品就要徵收關稅；而香港最憂慮的是葡萄牙的廉價紡織產品。如果英國獲准加入歐洲經濟共同體的話，香港將幾可肯定不可以獲得準會員的身份，以及失去英聯邦地區的優惠待遇，並要在支付歐共體統一對外關稅的情況下，來競爭英國的市場。

第三項因素是香港對於接連合併後所成立的外交及聯邦事務部的反應。香港政府官員和非官守議員都有一種莫名的恐懼，那就是在合併後負責香港事務的官員並沒有足夠知識來掌握香港問題；或是如果英國要衡量與外國或英聯邦獨立國家的更大利益時，香港的利益是不被看重的；或是在部長有更重要的責任時，他們未能全面考慮香港的獨特利益。該簡介稱，透過過去18個月的頻密訪問香港，外交及聯邦事務部官員已做了某些事情，以掃除這些恐懼和任何的不信任。不過，發自外交及聯邦事務部的通信偶然出錯時，香港方面就會認為這是由不熟悉香港事務的官員處理所致。無論如何，香港政府官員目前已較少就這些錯誤發怒，並願意寬容對待合併運作不久的外交及聯邦事務部、頻繁的官員調動，以及派駐殖民地的新手官員。

該簡介在總結時認為值得一提的是，這種「被遺棄和被忽略孩童」觀點("unwanted and neglected child" outlook)和脆弱信心的混合狀態，主要是由於不安全感所引起；以香港身處的政治和地理位置而言，有這種感覺實在是自然的。不安全感已在1967年騷動中顯而易見，當時港督不斷覺得有需要請求部長表達支持和慰問。如今，當未來看似是比較穩定時，對香港有能力獨自處理自己事務的信心便增強。

21 港督戴麟趾處理電話公司加費和利益衝突問題的啟示

　　除了選派英國官員擔任殖民地的高層職位外，英國政府部門和其他政治建制對殖民地政府在管治上的支援也是不可忽略的。就以議會的議事常規為例，英國議會的歷史比香港立法局的悠久，所經歷的政策辯論亦較香港來得豐富，會議規程和運作亦較有系統和成熟，因此可以借鑒的地方亦不少。港督戴麟趾在1964年處理香港電話有限公司(Hong Kong Telephone Company Limited)增加電話費時，因為要澄清利益衝突這個問題，曾經主動要求英國殖民地部，尋求英國議會的意見。

　　事源是當年香港政府出於支持香港發展的需要，因此鼓勵香港電話有限公司擴充其電話服務；電話公司認為這需要投入額外資本，因而要求政府承諾給予合理的回報。香港政府同意讓電話公司增加電話費，並達成新的收費標準。但由於香港電話有限公司是一間公用事業公司，擁有提供香港電話通訊服務的專營權，其業務和收費是受到《1951年電話條例》(Telephone Ordinance 1951)所監管，因此增加電話費是需要立法局通過決議來實行。由於有一位立法局委任議員是電話公司的董事，以及有數名立法局委任議員持有電話公司的股份，因此他們參與有關決議案的辯論和表決，便有可能被質疑存在利益衝突。

當時香港律政司在參考英國兩個相關但結論不同的個案後，建議尋求英國議會的意見。律政司參考的個案分別是：1811年英國下議院議長所作的裁決，以及1892年英國下議院的表決結果。如果按英國下議院議長在1811年就有關訂定英國銀行鈔票法定價值的議案所作的裁決來理解的話，增加電費是基於香港政府要求擴展電話服務的政策所導致，所以有利益衝突之嫌的立法局委任議員是可以投票的。但是在1892年英國下議院就有關英國政府給予英屬東非公司(British East Africa Company)補助金(grant-in-aid)的表決時，身兼該公司董事和／或擁有該公司股份的議員在投票後被駁回(disallowed)，雖然給予補助金是英國政府的政策。

當時港督戴麟趾在拍回英國的電報中，明言議員在這類涉及金錢利益(pecuniary interest)的議案中，仍然享有發言權，但未能確定是否擁有表決權，並因此而尋求殖民地部的意見，看看英國議會的經驗是如何處理這個問題。但由於時間緊迫，戴麟趾表示如果在表決前仍未收到殖民地部回覆的話，他亦打算如期表決有關議案。[144]

殖民地部在接獲電報後數日致函下議院徵詢意見，並在信中表示他們參考的有關法律文件沒有給予解決上述問題的答案，以及認為立法局會議常規第24(7)條的規定似乎比港督引用的第24(2)條更適當用來處理有關問題。[145]

下議院有關秘書(Fourth Clerk at the Table)在接信翌日便回覆殖民地部，表示按照立法局會議常規第36(2)條的規定，如

144　D. Trench's telegram to the Secretary of State for the Colonies, 23 July 1964, Document no. 1, CO 1030/1561.

145　T. H. H. Perrott's letter to C. A. S. S. Gordon, 29 July 1964, Document no. 2, CO 1030/1561.

果立法局出現會議常規沒有規範的事情時，便會按照下議院有關慣例來處理。[146]

下議院秘書引述下議院一個委員會就國會議員個人利益問題在1896年所作成的報告指出，議員在大會和委員會上參與任何涉及私人直接經濟利益的議案的表決，都有可能被駁回。但下議院一般反對透過會議常規或其他方法為這個原則作任何精確的界定，反而是不斷由議長和委員會主席作出稍為精確的解釋，以及由下議院本身自行斟酌是否適用在那些個案之上。在提及數個個案後(包括港督引述的兩個個案在內)，該委員會更認為在決定不讓下議院議員參與表決的議案中，所涉及個人經濟利益的本質和範圍，都並非一致的。但委員會是反對任何嘗試透過會議常規來界定甚麼是或甚麼不是個人經濟利益。

下議院秘書亦指出，香港立法局會議常規第24(7)條實際上做了那個委員會不願意做的事情，那就是訂下主席在決定是否讓駁回動議提出的應有考慮；雖然如此，這些考慮並不是與下議院沿用的有所不同。有關駁回動議必須在表決後便要立即提出，以及主席可以否決駁回動議的提出的規定，亦是與下議院的慣例一致的。實際上，會議常規第24(7)條中有關不容許涉及直接個人經濟利益的立法局議員在有關表決中投票的要求，是有異於下議院的習慣。因為下議院是不會禁止議員參加表決的，只不過他要冒着被駁回的風險而已。

因此，下議院秘書建議立法局在表決有關議案時應依從以下的程序：

146　C. A. S. S. Gordon's letter to T. H. H. Perrott, 30 July 1964, Document no. 3, CO 1030/1561.

1. 每位議員自己決定參與表決是否會違反立法局會議常規第24(7)條；

2. 在表決過後，如果有議員被挑戰的話，立法局主席就有責任決定駁回動議是否可以提出。由於電話服務收費並不涉及政府直接補助，而准許提高電話收費是類似1811年的個案。雖然董事和股東在這兩個個案中都會得益，但這不是「直接」經濟利益。而該次增加電話費毫無疑問是個公共政策的問題。因此，立法局主席是有權否決駁回動議的提出；

3. 但如果駁回動議被容許提出的話，立法局議員便要按其良心作出決定；

4. 議員是容許發言贊成或反對與自己有經濟利益關係的動議。在下議院，議員通常都會在發言前申報利益，儘管不是直接的經濟利益。這完全是個禮貌的問題。

最後，英國下議院秘書表示不介意殖民地部轉達以上的意見給港督參考，但對於以下這個評論就最好不要引述：英國下議院秘書對於作為立法局主席的港督，向屬於行政系統的律政司而不是立法局秘書(the Clerk of Councils)尋求意見表示驚訝，因為議員在有利益關聯的議案中可否發言和參與表決，毫無疑問地是立法局的常規和程序問題。

因應英國下議院秘書的要求，殖民地部在回覆港督的電報中，只轉述有關議員發言和表決的意見，並沒有提及認為港督尋求律政司意見不恰當的評語。[147] 其後，殖民地部在回信

147　The Secretary of State for the Colonies' telegram to D. Trench, 31 July 1964, Document no. 4, CO 1030/1561.

感謝英國下議院秘書時表示，港督的電報就有關律政司意見的描述可能有誤導之嫌，並認為可能是立法局秘書而不是港督向律政司尋求意見。[148]

---

148 T. H. H. Perrott's letter to C. A. S. S. Gordon, 18 August 1964, Document no. 5, CO 1030/1561.

22 殖民地部次官在1966年對香港政治形勢的分析

　　英國管治殖民地的重要原則之一，是信賴英國政府派駐殖民地的官員(the people on the spot)，其中尤其是總督。這項原則是認知到只有派駐當地的英國官員，才能掌握駐地的最新情況和動態，從而作出在管治和施政上的最佳研判。當然，能否派出既可信任、也具能力的官員，就得看負起殖民地實際管治工作的英國殖民地公務員的招聘、培訓和管理制度是否完善。這種賦予總督或駐殖民地英國官員管治的主動權，只是英國殖民地管治系統中的一個安排而已。在這個安排之上，還有殖民地部和其他英國政府建制機構為有效管治殖民地所提供的支援和配合，當中包括殖民地部或外交及聯邦事務部屬於政治任命的部長和屬於公務員的高層官員的定期訪問殖民地及他們的報告和建議，對殖民地的管治起着積極的作用。我們可從以下選取的兩份文件，從中領略這些官員對香港管治問題的分析和研判。這兩份文件分別是：1966年初殖民地部政務次官就香港政治形勢所作的書面報告，以及1980年初外交及聯邦事務部官員與香港政府官員討論香港的政府架構和官員管理問題的報告(見本書第23章)。

　　英國殖民地部政務次官(Parliamentary Under-Secretary of State for the Colonies)懷特夫人(Mrs Eirene White)於1966年1月4日至11日訪問香港後，向殖民地大臣作出書面報告，詳述其

訪港的觀察和對某些具體問題的分析。[149] 該報告是在1966年和1967年騷動之前寫成，但內容已提及香港當時管治的問題和社會上已累積相當不滿的情緒。此外，報告內亦有論及在中國因素的影響下，香港政制發展的限制，以及政治改革的策略和重點。

首次訪港的懷特夫人在報告中指出，對於香港這塊獨特的殖民地，她在心智上是難於適應的，而且表達對香港管治現況的不滿和感到有挫敗感。她指出，香港在當時和可能繼續是由一群少數外籍官員所管治，但被他們管治的人並不是文化低落的，而是生活在一個複雜的工業和商業社會中，在某些地方比英國人更有文化修養的人群。有約98%的人口是華人，但官方語言是英語。她明確認為，有些人是可以對社會有更多的貢獻，但礙於未能掌握英語的關係而受到限制。當時規定以中文回覆那些以中文致函市政局的發信人，明顯是個具創意的安排，但這並不是每個政府部門的做法。因此，她在訪問大學時，曾提出香港中英雙語應用研究是個很有用的研究課題。

在146個政府高層職位中(包括司法部門)，只有24個職位是由本地人士擔任。她認為造成這現象的一個主要原因，是那些有能力和積極的香港華人，不滿足於薪酬低和晉升慢的政府職位，而投向高物質回報的非政府工作。這個效果是非常明顯的。她指出，在訪港的末段時間，港督召集他的所有高級官員與她作交流和討論，但她發現沒有華裔官員在席。在部門首長的層級，只有衛生署長，以及鐵路行政主管是華

---

149 "Visit of Parliamentary Under-Secretary of State to Hong Kong 4th – 11th January 1966", Document no. 6, CO 1030/1784.

裔官員；沒有華裔法官和裁判官。在訪問香港大學和與本地高級公務員協會交流時，她亦感覺到本地高級官員是處於不利位置：他們的房屋開支，與外籍官員的房屋開支是一樣的；他們是在歐美國家接受教育，但覺得割斷了與這些國家的關係，原因是未能如外籍官員般享有旅費津貼和子女教育津貼。

但財政司則抱怨公務員的薪酬已經很高。她認為，這問題可能是難以解決的，但就留在人們腦海中一個不安的問號。從表面來看似乎很荒唐，英籍官員不單要維護政治主權，同時還要管理一個華人社會。如果沒有政治上的推動，這種狀態大抵會繼續下去。

她續稱，在香港實行西敏寺式民主政治是不被考慮的。香港中央政府層次的一人一票選舉，毫無疑問地引致中國人民政府更加關注香港的事務。作為一個例子，香港的工會現況便不是那麼令人鼓舞。香港工會的分裂和無效是達到絕望的地步：左派工會甚少關注工業組織，而右派工會則似乎害怕表達自己的意見。這情況亦很可能發生在香港的中央政府層次，而中國政府便會覺得英國政府沒有盡力維持現狀，而這個現狀正是中國政府默許的基礎。

行政局和立法局只有官守議員和委任議員，被提名的人士差不多全部都有參加或與華資或英資的大企業結盟。她批評香港沒有類近工人階級代表的制度，有的只是基於商業而不是土地的地主政治(squirearchy)。香港的「諮詢民主」是透過一個複雜的委員會和工作小組網絡而達成。華人擁有強烈的社會志願服務的傳統，而不少知名的市民亦為社會公益善事獻出時間和金錢。不管是在鄉郊或是在市區，都設有地區委員會，向政府出謀獻策。

市政局是香港唯一擁有半數議員由選舉產生的機構，但選民人數非常有限(雖然將會擴大)，而主席是由官守議員擔任。市政局並不能徵收地稅，也沒有正式的預算；除房屋外，其職責僅限於衛生服務、小販管理等的有限範圍。許多的教育服務是由津貼學校或私營學校提供，但都是由政府作中央統一管理。她更被告知，非中央統一管理的結果便是要與共產黨人競爭控制學校的權力，而共產黨人亦已注意到學校的重要性。

香港的急速增長已經導致政府計劃在未來十年發展最少二至三個擁有人口接近一百萬的新市鎮。在適當時期成立新的市政局的想法已經有所討論，並獲得港督的贊成；她亦表示同意不應把當時的市政局延伸至新市鎮的意見。她續稱，如果真的延伸至新市鎮的話，我們就像市政府與中央政府管轄範圍重疊的直布羅陀(Gibraltar)那樣，當遇上一個多疑的鄰居時，全部的煩惱就會隨之而來。

香港人常被認為是政治冷漠，只要政府是有效的，他們會對現存的事物感到非常滿意。香港有些要求「自治」("self-government")的小規模團體，但據她所知，就沒有要求「獨立」("independence")的。她沒有與這些團體會面，理由是從她到港時所看到的海報來看，這些團體在會面時必然會提出涉及中國大陸的問題。

根據在香港訪問時獲得的印象，她認為有關香港人對政治進程不感興趣的總結大體上是真實的，但年青的一代就不一定有如此想法。此外，對於尋求申訴冤情的渠道似是有頗大的不滿。剛好也在香港訪問的一位下議院議員對她表示，香港工黨和社會民主黨都是不重要的，反而與聯合國協會

(United Nations Association)的會面是有趣的和感到不安,因為富裕和貧民階級似乎在這地方找到共同點,以及擁有橫跨階層的眾多會員。該名議員亦發現香港有相當反歐的怨恨,包括對政府設有專責處理華人事務的部門而覺得受到侮辱;並察覺香港人認為有刻意排除華人擔任政府高層職位的政策。懷特女士認為這是誤解,但亦覺得是可以理解的。

該名下議院議員更指出,在與聯合國協會會面時,訴苦之聲不絕,有些更要求設立冤情大使(Ombudsman)。她自己也遇到相同的訴求,並指出市政局非官守議員已開始設立地區辦事處,而行政局和立法局的非官守議員亦開設辦事處,並由一名受薪職員負責。她認為這個制度必須擴展,但期望不受貪污的影響。

總的來說,香港社會有股潛流是比政府承認的來得更強烈,這就是要求在本地事務上有較大的公眾參與,但就不希望採取任何會危害與中國大陸平衡狀態的舉動。她亦認為,必須要防止出現在非民主政體中用來對付建制的做法,尤其是在階級障礙得到語言障礙加固的地方。她續稱,隨着地方政府的擴展,冤情申訴的改革將會是最有成效的進程。如果不要把過重的負擔加於議員身上的話,那麼是可以有多些議員。她指出,大多數人可能反對把市政局管轄的地區分拆,並設立多一個市政局的提議;若是如此,可增加當時市政局議員的數目。議員親身聽取市民的投訴是重要的,哪怕是由受薪職員負責跟進的工作。換言之,應當鼓勵已經在基層和精英階層發展「諮詢式民主政治」的趨勢。

擴大選舉權、擴張部分權力、正式的預算,以及上述增強與市民的連繫,應可給予地方政府活力和生氣。她認為,由

非官守議員按服務年資擔任市政局主席或市長，亦是個自然的演進；而市政事務署署長則只擔任秘書長。地方政府民選和委任議員的平衡問題，要讓當地政府來作判斷。有些委任議員似乎是令人滿意的。

希望避免出現國共兩黨的嚴重衝突，是導致立法局選舉變得曖昧的原因。在地方層次，對是否引入選舉的分歧是可以容納的，然而她抗拒任何中央層次選舉的建議，但她認為在適當時間透過地方議會代表的間接選舉，是可以順利運作的。

至於行政局方面，港督希望增加兩名非官守議員：一名是來自匯豐銀行的歐籍主管，以及一名是華人。但她強烈要求，在許可的情況下，物色一名非商業精英的代表，擔任行政局的非官守議員。

最後，她表示以上大部分提及的事情，都已經在港督和有關人士的腦海之中，但她仍把這些事情記錄在案，作為在這次極為有趣的訪問行程後，一個陳述自己意見的最佳轉達。

在得到懷特夫人的同意，殖民地部官員便把這份報告送交港督參考。有關殖民地部官員在信中特別指出，部長們認為地方政府的向前發展，是讓香港人更多參與政府的唯一有效方法。[150]

---

150 W. I. J. Wallace's letter to Sir David Trench, 2 February 1966, Document no. 7, CO 1030/1784.

23 外交及聯邦事務部和香港政府官員討論香港政府架構和運作問題

　　主管香港事務的外交及聯邦事務部官員，在1980年2月19日至3月3日訪問香港，與包括布政司、銓敘司、行政署長和律政司的香港政府官員，討論香港的政府架構和官員管理問題，並向外交及聯邦事務部報告其中的討論重點。[151]

　　該報告首先談及香港政府的結構，並指出布政司正關注整體政策的應用和監察問題，其重點在於司(長)制度(the system of Secretaries)是否正常地運作，而每個司(長)是要管理若干個署級部門(departments)。這些司(長)是減輕布政司作為超級監督的部分負擔，司(長)在某種意義上猶如英國內閣的部長，專注全面的政策，避免陷入署級部門的細緻工作之中。但有個趨勢是把司(長)分成兩類：一類是與政策制定有關，如民政司、新聞司、新界政務司；另一類則與資源有關，如環境司、房屋司。有些司(長)的職務與署(處)長的重疊；有些司(長)則無暇監督所管轄的署級部門是否有正確執行相關政策。如有必要，布政司不排除會增強布政司辦公室的功能，或許會增設擁有更多監督功能的副港督職位。

　　至於公務員的情況和士氣方面，港督和布政司都關注有一些部門出現不合標準的人員管理和人事工作(man management

---

151　R. D. Clift's minute to Mr Morrice and Mr Bridgwood, 12 March 1980, Document no. 18A, FCO 40/1159.

and personnel work)，這在目前發生涉及護士和藥劑師工業行動的衛生署尤為明顯。在很多個案中，政策層面所作的決定是合理的，但就未能傳達至前線工作人員。已經着眼於委任合資格的人事主任，以及已在衛生署成立一個特別的職員管理小組。

目前引起公務員和職員工會最關注的便是房屋問題，利息和地價實際上使得一個單靠工作賺取薪酬的中層公務員也無法擁有自己的房屋。香港政府正在考慮各種可能的協助計劃。

公務員的膨脹問題。當時香港約有13萬名公務員(包括警察和消防員等)，這已是一個極龐大的隊伍了。在一些個案中，過度膨脹是可以透過成立法定組織來避免，例如地下鐵路。最近數年的大量膨脹，導至有部分職級出現人手不足，這在中層官員最為明顯，例如丙級政務官。在某些專業部門亦出現人手困難，如電腦程式員。香港政府希望運用自己的資源來滿足這方面的需求，尤其是為了達成本地化的要求。但這將不可能在所有個案中出現，例如：民政主任制度將會擴展和延伸，這對良好的中層行政人員的需求便會很大。

與英國公務員的交換計劃。在上述人手不足的情況下，這名外交及聯邦事務部官員曾與銓敍司和布政司討論，由英國公務員填補部分空缺的可能性。他認為不能大規模地輸入英國官員，香港亦很難吸納英國的高層公務員，而可行的方法是招聘相對較低層的官員，並讓他們慢慢融入香港。不過，有些職位是可以由英國公務員來擔任的，其中一個例子便是兼任本地情報委員會秘書的香港保安司。[152] 再者，香港可受

---

152 根究 1956 年的檔案，當時本地情報委員會的秘書是政治顧問。見
　　Alexander Grantham's letter to Alan Lennox-Boyd, 18 August 1956, Document
　　no. 2, CO 1035/49. 詳情可參看本書第 15 章。

惠於英國政府裁員的計劃，尤其是那些擁有特別技能而香港政府又需要的，例如醫院行政人員。為了擴闊經驗，香港政府是樂於安排香港公務員到英國政府部門任職，亦願意為此而提供必要的財政支持。

　　律政司提出政府律師流失的問題，認為原因有二：薪酬和服務條件的不足，以及編制問題。流失最多的是資深律師，同時亦缺乏資歷較淺但具足夠經驗的律師可供提拔晉升。律政司既要求把最低層級的律師提升等級，亦要求容許在香港和其他地區招聘有經驗的律師。

24 委任非官守議員的準則和考慮

委任制度可說是殖民地管治的靈魂機制，在沒有選舉的前提下，它可以吸納殖民地的社會精英，進入政府建制，為殖民管治和政府政策賦予有限但必須的制度性支持。因此，被委任人士的能力和人格質素，便成為影響這個制度成敗得失的關鍵要素。如果能夠吸納賢能之士，便有助政府的威望和感召力；如起用的人是泛泛之輩，則會徒增煩憂，變成政府的負債。在英治時期，香港政府為了確保獲提拔人士有相當的能力和社會接受程度，先後透過商會、公益和慈善組織、專業團體、地區居民組織等，作為觀察和選拔的平台；繼而按表現來決定淘汰或提拔至較高的職位。雖然有了平台和程序，能否發揮委任制度的功能還要看負責推薦工作的有關官員和港督的判斷和智慧。制度層面的觀察和選拔平台，以及領袖層面的判斷和智慧，都需要與社會和時代變遷同步更新，否則就會落後於社會發展的形勢，委任制度便發揮不了原本設計的功能。

從1960年代開始，殖民地部和外交及聯邦事務部官員，曾先後與戴麟趾和麥理浩兩任港督，討論如何在香港社會急速發展的情況下，發展和更新委任制度的內涵，以接受新形勢的挑戰；並明確要求港督推薦非傳統商界和專業界的社會人士，出任立法局的非官守議員。戴麟趾在1970年6月5日

回應外交及聯邦事務部要求擴闊立法局非官守議員的代表性時，提出可說是他最全面的討論和分析。[153]

戴麟趾在信中首先表示，在過去6年(即在他出任港督之後)，擴闊代表性這個問題不時被提起；而自外交及聯邦事務部合併以來，有關挑選適合人選出任立法局議員的原則，並沒有作出詳細討論。因此，他想就委任議員問題中至為重要的要素，提出討論。首先，他提出具備以下條件的人士，才可被認為是適合人選：

1. 有關人士應被確認為不會藉職位和特別知識的方便，謀取個人利益，以及可以託付敏感資料；

2. 有關人士必須是社會知名人士，藉以獲得公眾的信任，以及使社會覺得有關人士並不是個僅僅超越一般平常正直的普通人；

3. 他們必須有餘暇，參與立法局的工作和相關的活動；

4. 條件2和3並不表示要富有，但要有適度的收入和不受其他義務所約束。給予非官守議員薪資，可以達成條件3，但就不能成就條件2；

5. 他們必須能夠充份明白立法局及其委員會要處理的事情，亦即是要具備講和寫英文的能力；

6. 他們必須不是某些特殊利益的代表人物，並具有抵禦各種壓力的能力，包括對那些憑良心都不能同意的意見。每個人都會有根深蒂固的觀點，這是可以接受的，但不能接受的是委任那些只受幕後操縱的人士，尤其是把共產或台灣的意識型態帶入立法局事務之中；

7. 他們必須是英籍人士。

---

153 Trench's letter to Leslie Monson, 5 June 1970, Document no. 20, FCO 40/249.

戴麟趾跟着便提及香港究竟想要一個怎樣的議會。香港想要一個黨派傾軋的、有傾向性的、妨礙議事的和自我宣傳的議會，還是一個具批判但基本上是渴望尋找合適解決方法多於為了獲得辯論分數的議會呢？從香港的情況來說，戴麟趾認為香港總是要以極度現實主義和務實主義來行事，以及要緊記憲政文件所規範的地位和立法局議員是委任的事實，因此他認為第一種議會是危險的。他續稱，官守議員是議會的少數，在異議和紛爭聲中，這意味着港督會過度頻繁地使用原有表決權和決定性表決權(original and casting vote)，由此而引起信心的損害。他認為有些團體和非共產黨的報章(包括某些英文報章)，以及全部的共產黨報章，將會出於不同的原因而把這種議會視之為對他們有好處；但整體市民則會鄙視這種議會，好像他們鄙視市政局一樣。

戴麟趾認為，除非是不慎重地擴闊立法局議員代表性，否則擴闊代表性並不一定導致出現上述所講的第一種議會。但接着的問題是擴闊代表性的準確意思是甚麼？「擴闊」可以是指擴闊特別知識、界別利益、種族或省籍成份、收入、職業種類(大體上等同收入和教育水平)、甚至是性別。「代表性」的意思可以是在某些行業中包含擁有一般利益的人士、又或是有關人士是某個團體的正式發言人。

在第一種代表性的意思下，戴麟趾認為實際上只可嘗試創造一個組合，讓最大量和最可取的利益達致最佳的混合，但由於立法局只有13位非官守議員，因此創造這個組合會遇到嚴重的限制。再者，構成這個組合的人士，必須是由擁有上述7項條件的人士中產生。

至於代表性的第二種意思，是違反上述第6項不是某些利

益代表的條件；由香港總商會或太平紳士提名的議員，並不是以這種代表意思來行事的，雖然偶然有些個別議員會表達一些向他反映但並不完全是屬於他自己的意見。

對於外交及聯邦事務部建議委任來自大學和教育界、資訊媒體、專業界，以及在社會服務有地位的人士成為立法局議員，戴麟趾回應稱，大學已經在一些議會中，透過其大學校務委員會成員(University Council member)，取得了很好的代表，而根據第3條件(有餘暇參與立法局的工作)，大學的教學人員是不適合的。根據第1條件(不會藉職位方便，謀取個人利益，以及可以託付敏感資料)，資訊媒體界是一個完全不可接受的人選來源；如果真的作出這樣的委任，所引發的爭議是災難性的。像大學教學人員一樣，教師也是沒有餘暇，這是很可惜的；但立法局已有一名教育家，這是香港政府能力之內的最佳安排；還有幾名立法局議員是參與個別學校的管理。專業人士亦已有足夠的代表，以及每一名立法局議員都活躍於某種形式的社會服務。最後，任何人都不能視部門首長，如醫務衛生署署長、教育署署長、社會福利處處長和勞工處處長，為一無所長的人；他們或許與非官守議員一樣那麼熟悉自己所負責範圍內的意見。

戴麟趾在信中更透露，其實他已準備了幾份小名單，以察看在不同「擴闊代表性」的意義下，當時立法局議員所涵蓋的代表範圍；而他驚訝地發現當時立法局議員的代表性是頗高的，當然立法局有明顯代表性不足之處便由行政局議員來補足。戴麟趾表示，如果要排除簡單的不滿者(the simple malcontent)和那些「陶醉於怨恨」（"intoxicated with animosity"）但又要求被委任的人士，又或是要避免委任一些

不稱職的窮困人士，那麼他就不知可有其他人士可供挑選。戴麟趾更指出，建議要增加的利益代表，正是上述那種典型的受害者。在眾多建議中，戴麟趾認為工人階級的代表性是明顯不足的。他會為這個階級尋找一名代表，但只能是來自本地親台灣的港九工團聯合總會，因為任何人士來自親共產黨的香港工會聯合會都是不可接受的或是他們不會接受委任的。但是任何從港九工團聯合總會中挑選的人士：(1) 可能是從沒有在工廠工作過；(2) 只代表一小部分的工人；(3) 除了最膚淺的意見外，沒有智力作任何貢獻；(4) 社會大眾會投以懷疑目光。縱使能找到一位合適人士，這樣的委任會存在重大的政治危險。他更認為，勞工顧問委員會才是容許這些人渴望被委任的最高機構。

戴麟趾認為農民和漁民是未能提供足以勝任的人選，而來自鄉議局的新界領袖則會以其職位立即謀取最大的個人財政利益，他亦恐怕他們經常以鄉議局的職位來謀取好處。

市政局的民選議員在原則上並不是不可能，但他們只能說是代表西化的中產階級；以及是由較目前政府挑選委任議員更為狹窄的範圍選舉出來。不管怎樣，目前的民選議員遠遠不如由政府挑選的委任議員那樣通情達理，以及來得更自我宣傳。

戴麟趾表示，他是樂於擴闊立法局的代表性，只要他懂得如何去推行而同時不會把立法局弄得更糟糕。他更直言，他真的不認同為了某種進步假象的目的，就應該如此做；也真的不能為了達成這個不清楚的目標，以及看不出有甚麼好處，而去冒行政失當的風險。他亦表白，他能夠做的事情就是找尋各類可以信賴和通情達理的人士，盡可能是思想開放

的，以及擁有最廣博的知識和興趣，並且能夠作最大的貢
獻，使立法局的工作在有序和有條理下進行。他亦期望能
引起最多和最有建設性的公開辯論。他更批評地說，那些要
求擴闊立法局代表性的人士，實際上已經作出很好的民意反
映，遠遠超過他們已獲得的讚譽。他更直言，幸好他們還沒
有為求達到目的而採取妨礙性行為，或是沉溺於酒吧式的辯
論，又或是給予報章轟動社會的頭條新聞。戴麟趾對他們沒
有這樣做，表示謝天謝地！

最後，戴麟趾仍然認為任何明顯偏離過往的慣例，都不是
可行的提議；並聲言會在此基礎上推薦新一輪立法局非官守
議員的委任人選，以及期望外交及聯邦事務部能夠以他在信
中表達的意見來考慮他推薦的人選。

外交及聯邦事務部香港科主管 E. O. Laird 在1970年7月6日
向上級官員報告戴麟趾上述的回信時指出，他不想就戴麟趾
提出的委任人選條件作任何爭論，雖然他對戴麟趾反對支付
薪酬給非官守議員，表示有所保留。[154] 不過，他認為香港的
行政局和立法局議員是需要改變的，需要改變的不是議員們
的活動範圍和所擁有的技能，而是被委任議員所持有的態度
和價值。他們必須要達到戴麟趾提出的條件，但同時也必須
擁有獨立思考和觀點的人士，並且不是來自以維持目前政府
形態現狀為主要目標的「馬房」(雖然他並不懷疑有很多人是
真誠地認為維持現狀是香港的最佳利益)。唯有如此，目前行
政局和立法局橡皮圖章的形象或許才有所改變，而社會大眾
才獲得更好機會參與更多香港事務的管理。

---

154 E. O. Laird's minute to Wilford and L. Monson, 6 July 1970, Document no. 27,
    FCO 40/249.

　　Laird認為可能是香港的政治地理位置，以及作為英國治下的一個單獨實體可能只餘下不足30年的關係，致令本土居民未能發展出任何香港精神；因此亦導致貧窮的居民，只視香港為一個免於在中國內地受苦的臨時容身之所，而較富裕的居民，則視香港為一個擁有穩定和超然政府的地方，政府絕少干預他們在最短時間內賺取最大量金錢的努力。但他表示很難接受在香港這個充滿創造力、自發性和幹勁的社會裏，並不是擁有如想像中那麼多的誠信正直、有才幹和持獨立意見的人士。他續稱，以下一份情報報告的摘錄，在一定程度上確認他對香港這個地方的看法：

> 雖然香港的大學生對社會問題的一般關注和政治意識，仍然遠較世界其他地方為低，但有跡象顯示，他們漸漸覺醒自己是有可能改變所處的環境和令社會聆聽自己的意見。到目前為止，這是個基本上克制和溫和的運動，沒有證據顯示共產黨和國民黨參與其中。… 絕大多數的香港學生主要集中在學業的追求，以及不希望捲入與校方或政府的任何衝突，這或許仍然是現實的情況。[155]

155　原文是：“Although still displaying a general interest in social problems and a political awareness far below that demonstrated in other parts of the world, there have been signs among university students in the Colony of a growing awakening of their potential to effect changes in their own environment and to make their voice heard generally. So far this has been a basically restrained and moderate movement with no evidence of communist or KMT involvement . . . It is, perhaps, still a truism that the vast majority of students in Hong Kong concentrate largely on their academic pursuits and have no wish to become embroiled in any way in conflicts either with their own faculties or with Government.”

25　香港政府的授勳問題

　　為了表揚對政府施政和社會進步有貢獻的人士，香港政府按照貢獻的重要程度給予某種榮譽，以示感謝，並維持社會精英層的穩固和對政府的忠誠。這對於政府而言，冊封爵位和頒授勳章是個重要的手段，對維持政府的威望和管治系統的基本支持，起着至為關鍵的作用。授勳的重要性及其相關考慮，可從港督戴麟趾在1971年8月24日致外交及聯邦事務部副次長(Deputy Under-Secretary of State) Leslie Monson的信件中得到啟示。[156]　而相關的外交及聯邦事務部備忘錄亦提供不少思考這個問題的重點和一些統計資料。

　　戴麟趾在1971年6月在倫敦述職時，時任外交及聯邦事務部政務次長的Anthony Royle 曾要求他以文字寫下在香港授勳所面對的主要困難。回港後，他在8月24日致函Leslie Monson講述香港政府所遇到的授勳問題。在這些問題當中，值得一提的是授勳名額的不足。戴麟趾提議應增加至當時授勳數目的一倍，理由是香港的人口增長、變得越來越複雜和重要，以及越來越困難去處理那些早應獲頒勳銜的人士。

　　戴麟趾表示，社會人士在沒有任何物質回報下，為政府和社會作出艱難、費時和具價值的大量工作，這或許是香港的獨特之處，例如：行政和立法局議員是沒有酬勞的，他們的

156　Trench's letter to Leslie Monson, 24 August 1971, Document no. 8, FCO 57/250.

開支甚至不能實報實銷；更有不少人作出慷慨的慈善捐獻，數目有時是相當驚人的。社會大眾會預期，他們的服務是應該獲得表揚和備受讚賞的事情。這群具實力的人士，對於香港的良好管治，提供了極其重要的貢獻。他續稱，不管是否認同授勳是一個合適的方法來延續這些服務，但事實是在香港社會是如此地看待的，以及授勳是總督手中一個珍貴、甚或是不可或缺的槓桿。

對於政府官員的授勳名額，戴麟趾亦認為是不足夠的，這亦給予他在分配勳銜時很大的負擔。他指出，政府官員的授勳名額不足，對於那些曾在其他殖民地服務的政府官員來說，更有特別感覺，因為他們應在更早的時間獲得授勳和獲頒更高的勳章。他續稱，目前已經很困難向具規模的部門首長在退休前，甚或在退休後，頒授「英帝國司令勳章」(Commander of the Order of the British Empire，簡稱CBE)，而當時的警務處處長、醫務衛生署署長、工務局局長便是屬於這類官員，其實後兩者更沒有獲頒授任何勳章。

其實，戴麟趾6月在倫敦述職時，曾要求每次授勳名額由2個「英帝國司令勳章」、3個「英帝國官佐勳章」(Officer of the Order of the British Empire，簡稱OBE)和4個「英帝國員佐勳章」(Member of the Order of the British Empire，簡稱MBE)，增加至4個「英帝國司令勳章」、6個「英帝國官佐勳章」和7至8個「英帝國員佐勳章」。[157] 政務次長 Anthony Royle 透過相關官員表示贊成這個建議，以及要求提供1962年至1971年香港和其他主要殖民地的授勳數目，作為比較和參考；

157　一般來說，每年有兩次授勳的名單。

並透露要與有關官員討論給予戴麟趾封爵的建議。[158]

但負責授勳事宜的官員表示，人口數目並不是唯一的考慮準則，真正的準則是獲提名人士曾作出貢獻的質量，以及具有潛力作出高質量貢獻而又可以授與榮譽嘉許的人口數目。[159] 該名官員續稱，如果這個準則是被接受的話，那麼就不能確切寫下將會頒授勳銜的數目，以及只能依據一個殖民地整體貢獻的重要程度的綜合印象來行事。因此，在與其他殖民地或地區競爭的情況下，他會嘗試達到港督提出和政務次官贊成的授勳人數，但就不能作出任何保證。此外，給予香港固定授勳的名額會限制由常務次官主持的授勳委員會的酌情權，而該委員會是向在海外授勳名單的最終挑選擁有重大影響力的外交及聯邦事務大臣作出推薦。

最終，外交及聯邦事務大臣1972年新年授勳的香港推薦名單，分別是：2個爵士勳銜(Knight Bachelor)、5個英帝國司令勳章、7個英帝國官佐勳章、5個英帝國員佐勳章和2個帝國服務勳章(Imperial Service Order，簡稱ISO)；其中獲推薦頒授英帝國司令勳章的人士，分別是：D. R. W. Alexander、R. M. Hetherington、R. H. Mills-Owens、G. T. Rowe 和 C. P. Sutcliffe；而獲推薦頒授英帝國官佐勳章的人士，分別是：H. J. C. Browne、H. Cheong-Leen (張有興)、O. V. Cheung (張奧偉)、King Sing-yui (金新宇)、Lau Chan-kwok (劉鎮國)、R. H. Lobo 和 B. Suart。[160]

158　M. F. Forrester's minute to Mayall, 17 June 1971, Document no. 4, FCO 57/250.

159　A. L. Mayall's minute to Private Secretary to Mr Royle, 5 July 1971, Document no. 6, FCO 57/250.

160　Robert Armstrong's letter to A. L. Mayall, 25 October 1971, Document no. 12, FCO 57/250; A. L. Mayall's reply to R. T. Armstrong, 28 October 1971, Document no. 13, FCO 57/250.

　　英國首相注意到這份香港推薦名單與全球推薦的名單有少許不成比例，而外交及聯邦事務部有關官員解釋推薦人數較多的原因有二：需要在華人和英籍，以及政府官員和社會人士候選人間作出平衡；以及由於香港是英國最重要的殖民地，而香港居民較其他英國殖民地的居民有較高的文化和經濟水平，因此有貢獻而又值得推薦授勳的人數也就增加。最後，英國首相表示贊成依往常作業程序，提出由外交及聯邦事務大臣推薦的香港授勳名單。[161]

161　Robert Armstrong's letter to A. L. Mayall, 25 October 1971, Document no. 12, FCO 57/250; A. L. Mayall's reply to R. T. Armstrong, 28 October 1971, Document no. 13, FCO 57/250; Robert Armstrong's letter to A. L. Mayall, 1 November 1971, Document no. 14, FCO 57/250.

附表：香港獲頒各級勳章的數目(1962年至1971年)[162]

年度	聖米迦勒及聖喬治三等勳章/英帝國司令勳章	英帝國官佐勳章	英帝國員佐勳章
1962	3	2	7
1963	3	5 (+2)	9 (+2)
1964	5	7 (+1)	10 (+2)
1965	4	9	10 (+9)
1966	4	8 (+1)	9 (+9)
1967	3 (+1)	7	10 (+6)
1968	4 (+1)	9	16 (+9)
1969	3	6	16 (+5)
1970	4 (+1)	6 (+1)	8 (+1)
1971	4	7	13 (+4)
總計	37 (+3)	66 (+5)	108 (+47)
合併總計	40	71	155
每年平均	4	7.1	15.5

註：
1. 聖米迦勒及聖喬治三等勳章(英文名稱是 Companion of the Order of St Michael and St George，簡稱CMG)；
2. 表內括弧的數字是代表該級榮譽勳章的數目；榮譽勳章是頒給非英籍人士。

---

162 A. L. Mayall's minute to Private Secretary to Mr Royle, 5 July 1971, Document no. 6, FCO 57/250.

26 成立香港大學中國文化研究院的政治考慮

　　在1950年東西方冷戰的時代背景下，英國政府為了在意識型態上抵禦共產主義的擴散，曾建議在香港大學和馬來亞大學成立中國文化研究院，鼓勵對中國進行學術研究，藉此發揚中國傳統中反馬克思主義的觀點，進而影響華人對共產主義的態度。這種在學術研究中所確立的觀點和主張，有利某種意識形態的產生和持續發展，進而建構成社會主流的價值體系和論述，從而提供了社會大眾的行為規範的基礎。這種柔性力量的建構和運用，對現實政治和公共政策辯論都起着相當重要的影響。

　　這封屬於絕密的信件，是由英國外交部官員 C. E. King 在1950年11月2日致函殖民地部官員 S. E. V. Luke，詳細說明在香港和馬來亞的大學成立中國文化研究院的目的和安排。[163]　該封信件首先指出，考慮在「遠東」和東南亞採取反共產主義的可能措施時，負責監察海外共產主義的英國內閣官方委員會(Cabinet Official Committee on Communism (Overseas))，指示「海外規劃組」(Overseas Planning Section)審議在香港大學和馬來亞大學成立中國文化研究院的建議。設立中國文化研究院的意圖，不是作為顛覆之用，而是公開鼓勵對中國的學術

163　C. E. King's letter to S. E. V. Luke, 2 November 1950, Document no. 1, CO 537/5297.

研究；而目的是透過傳播中國傳統中自由但反共的觀點，期望能影響住在殖民地的海外華人，以及透過他們來影響中國大陸。

該封信件跟着分別說明新加坡和香港的情況。在新加坡方面，英國外交部從成立馬來亞大學的研究報告中得知，設立中國研究的科系是報告其中一項的推薦；而有關的大學校長、校務會和教務會似乎已承諾按照英國內閣官方委員會的建議成立相關的研究機構。信中亦表示，有關設立中國研究科系的事情，曾秘密和非正式地與「殖民地高等教育聯校局」(Inter-University Council for Higher Education in the Colonies)秘書長商討過，並指對方認為如果倫敦表態推動的話，將有助事情的進展。

至於香港方面，外交部知道香港大學已經擁有一個很好的圖書館，以及研習中國語言亦已是課程的一部分；並知悉大學當時正在討論成立「遠東」研究院，研究範圍除語言外，還包括：哲學、法律和政治。信中表示，外交部得悉香港大學校長為尋找適合人選出任新成立的研究院院長一職，正在諮詢倫敦大學、牛津大學和劍橋大學相關學院的教授。信中亦指出，「殖民地高等教育聯校局」秘書長認為，除了鼓勵外，如果倫敦能夠提供適量的補助金，將會對事情有幫助。

原來，外交部當時正在研究增加培訓中文學生的數目，並樂於使用香港和新加坡的有關設備，但就認為這不足以推動和合理化上述的計劃。為此，外交部期望得到殖民地部和有關殖民地政府的支持，盡快成立建議中的研究院，而外交部亦提出以下有待協商解決的問題：

1. 需要多少的財政支援，才可確保有關研究院在香港大學和馬來亞大學成立？

2. 有關殖民地政府準備在其預算中承擔多少這些開支；和

3. 假設開支問題能妥善解決的話，採取甚麼行動才可以確保不會延誤研究院的成立？

殖民地部在回覆時表示，在不久之前已經同意香港政府每年提供5萬港元，以協助香港大學成立「中國文化研究院」(Institute of Chinese Studies)和「中國語言學院」(Chinese Language School)。但不幸地，那位主持這項工作的外籍教授在抵港後不久便去世。[164] 該名外籍教授 John Kennedy Rideout 是在1950年1月17日抵達香港，擔任香港大學中文系系主任，但在1950年2月16日失蹤，其屍體在2月28日被人發現漂流在大嶼山附近的海面。此事曾被懷疑是件謀殺案，但驗屍報告則顯示沒有謀殺的證據。[165]

---

164 S. E. V. Luke's letter to C. E. King, 17 November 1950, Document no. 2, CO 537/5297.

165 港督葛量洪就此事向殖民地部拍發的電報，見 A. Grantham's telegram to the Secretary of State for the Colonies, 3 April 1950, Document no. 8, CO 129/625/8；警方和驗屍報告，見 A. Grantham's savingram to the Secretary of State for the Colonies, 3 April 1950, Document no. 11, CO 129/625/8.